看護師
株式会社
保健師
消防署
精神保健福祉士
歯科衛生士
精神保健福祉士
救急救命士
保健所
歯科
保健師
獣医師
臨床検査技師
歯科衛生士
歯科医師
医師
歯科衛生士
歯科医師
看護師
管理栄養士
介護施設
柔道整復師
社会福祉士
介護福祉士

医療・福祉の仕事見る知るシリーズ

柔道整復師の一日

保育社
HOIKUSHA

はじめに

柔道整復師《じゅうどうせいふくし》の仕事って、どんなもの？

柔道整復《じゅうどうせいふく》という伝統療法《りょうほう》を用いて ケガからの回復をサポート！

町で「接骨院」「整骨院」「ほねつぎ」などの看板を見かけたことはありませんか？ そこで働いているのが柔道整復師《じゅうどうせいふくし》です。柔道整復師《じゅうどうせいふくし》は、「柔道整復《じゅうどうせいふく》」という方法を用いて、ケガからの回復を助けます。仕事として柔道整復《じゅうどうせいふく》を行うことができるのは、医師を除いては、国家資格をもつ柔道整復師《じゅうどうせいふくし》だけです。

柔道整復《じゅうどうせいふく》は、日本古来の武術のひとつである「柔術《じゅうじゅつ》」から生まれた技術です。柔術《じゅうじゅつ》には、相手を殺傷する「殺法」と傷ついた人を治療《ちりょう》する「活法」がありますが、それぞれが時代とともに変化・発展し、殺法は柔道《じゅうどう》の技として、活法は柔道《じゅうどう》整復《せいふく》の技術として受けつがれています。

接骨院や整骨院には、病院とちがって医師はいません。柔道整復師《じゅうどうせいふくし》は、定められた範囲《はんい》のケガであれば、自分の判断で施術《せじゅつ》を行うことができるのです。もちろん、必要な場合には、医療施設《いりょうしせつ》と連携《れんけい》しながら施術《せじゅつ》にあたります。

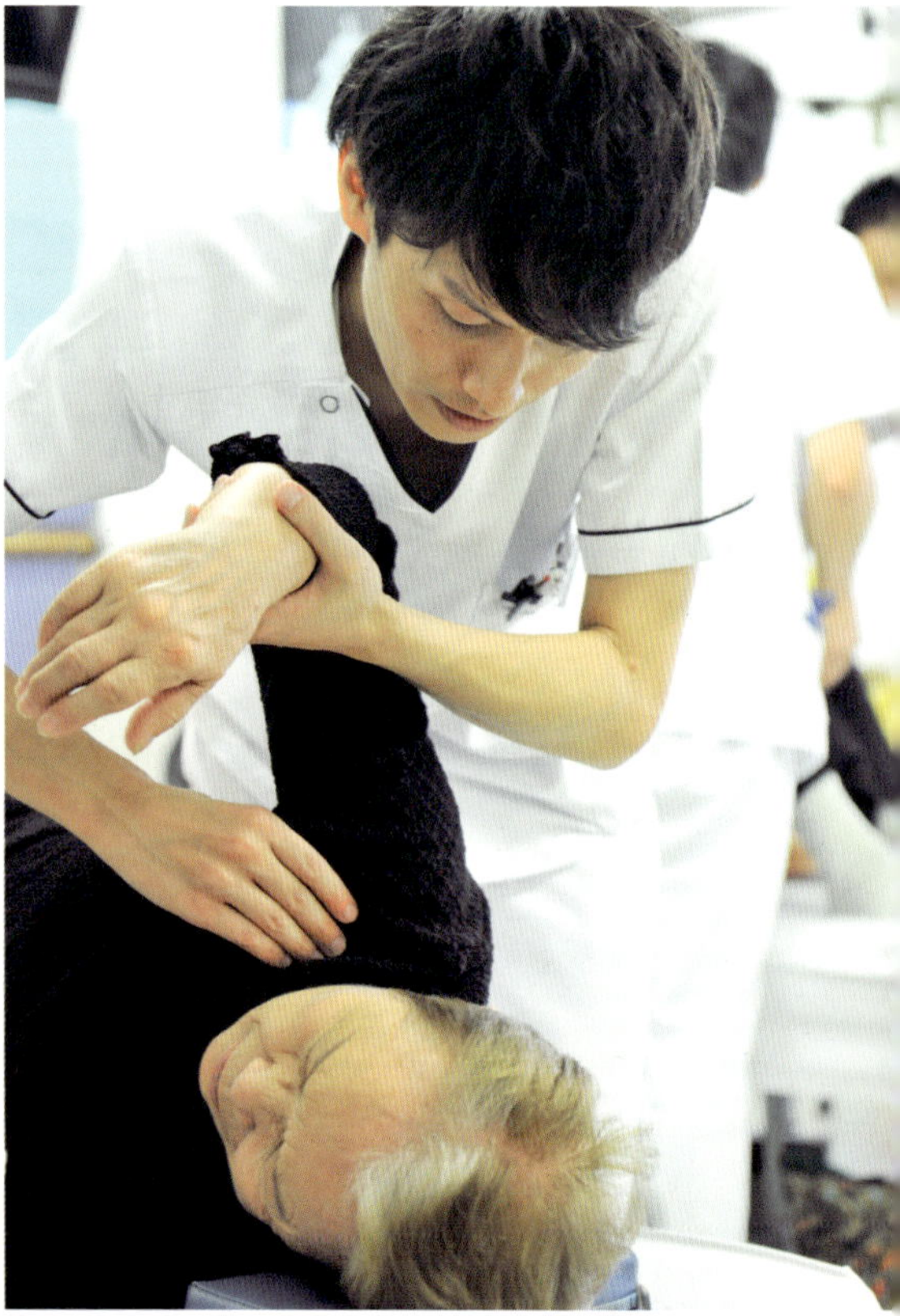

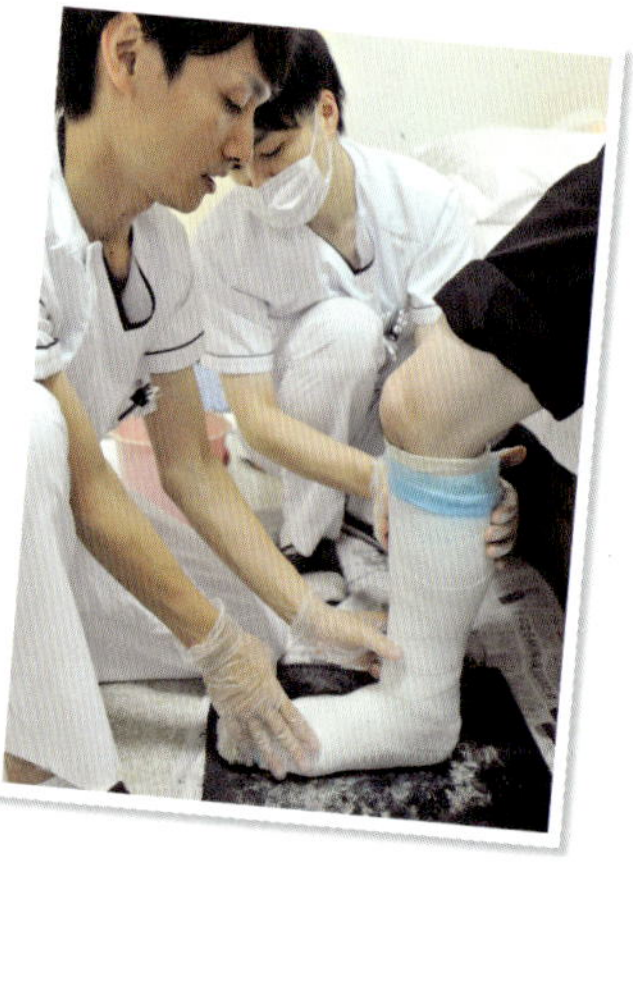

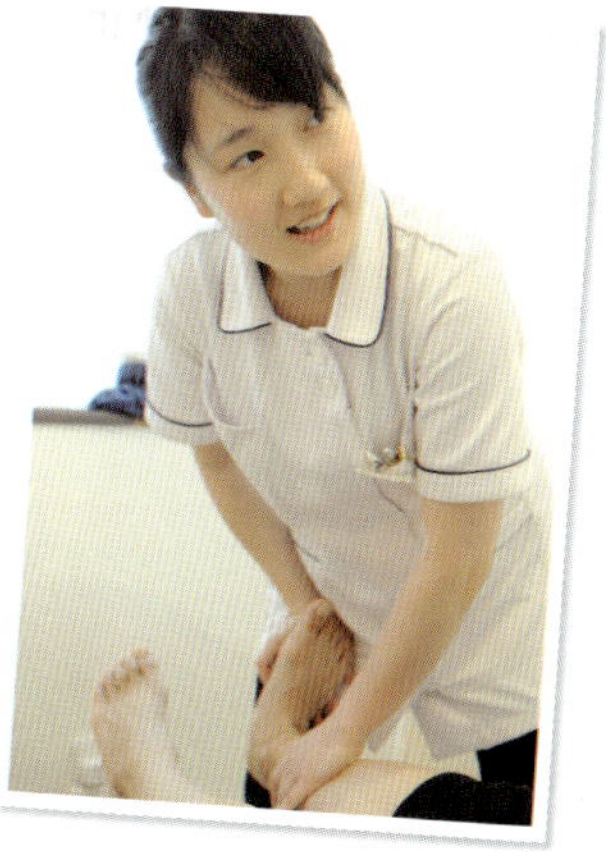

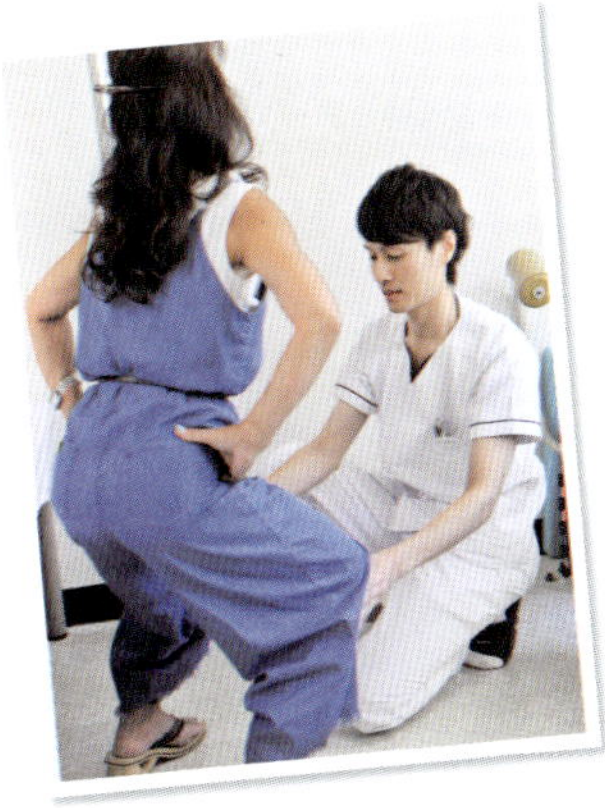

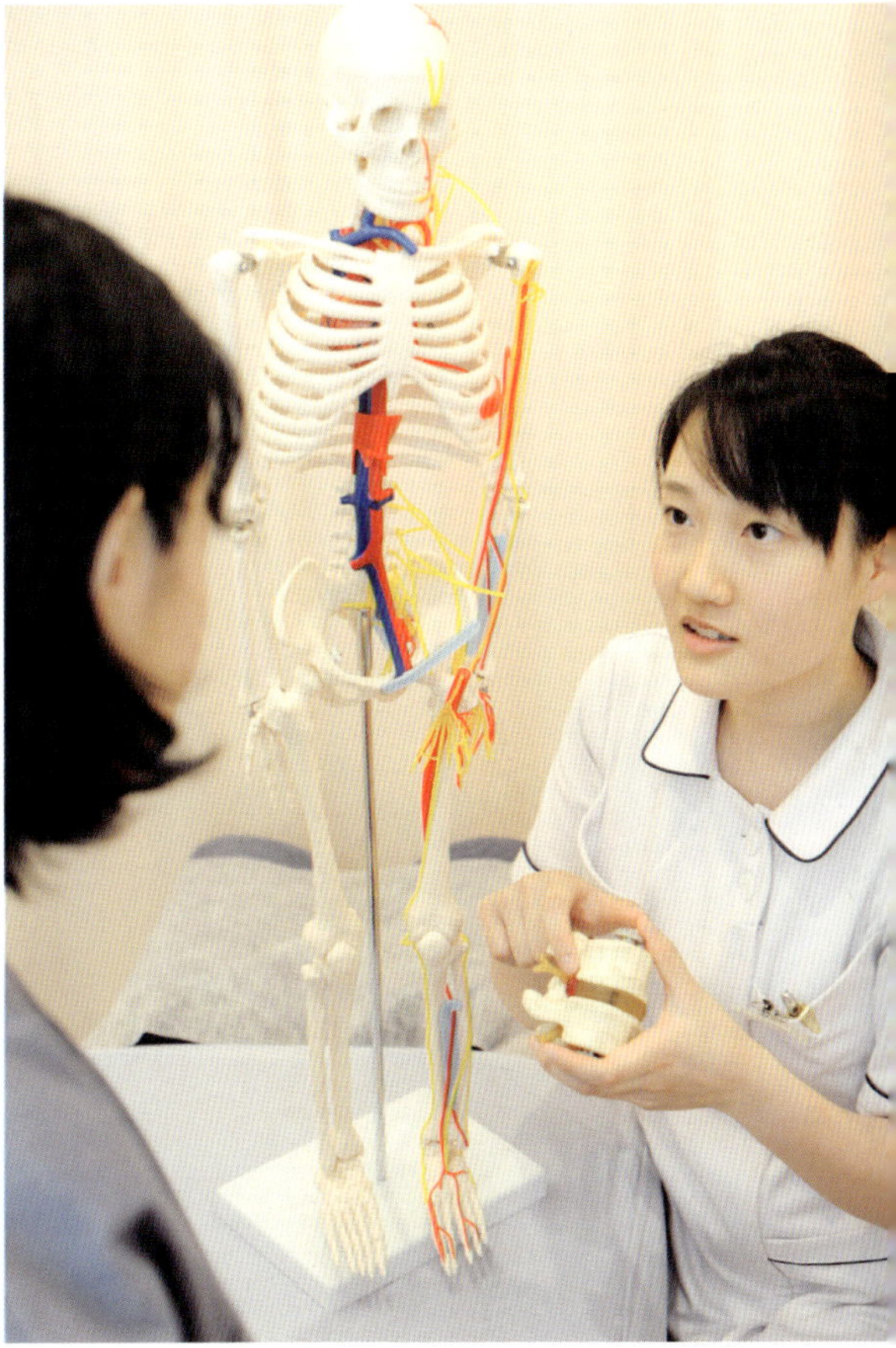

スポーツや介護《かいご》など、活躍《かつやく》の場は広がっています

柔道整復師《じゅうどうせいふくし》は、接骨院や整骨院に勤務するだけでなく、自ら開業することもできます。また、病院や診療所《しんりょうじょ》で、医師やほかの医療職《いりょうしょく》とともにケガの治療《ちりょう》やリハビリにたずさわる人もいます。

近年では、柔道整復師《じゅうどうせいふくし》としての専門的な知識と技術をいかして、スポーツ分野でトレーナーとして選手をサポートする人も増えています。

高齢化《こうれいか》が進む今、介護《かいご》分野での活躍《かつやく》にも期待が寄せられています。柔道整復師《じゅうどうせいふくし》は、介護施設《かいごしせつ》で機能訓練指導員として、専門的な訓練や指導を行うことができる資格です。

人間の体に関する確かな知識と技術を備えたスペシャリストとして、柔道整復師《じゅうどうせいふくし》は今後もさまざまな場面で求められるでしょう。

目次

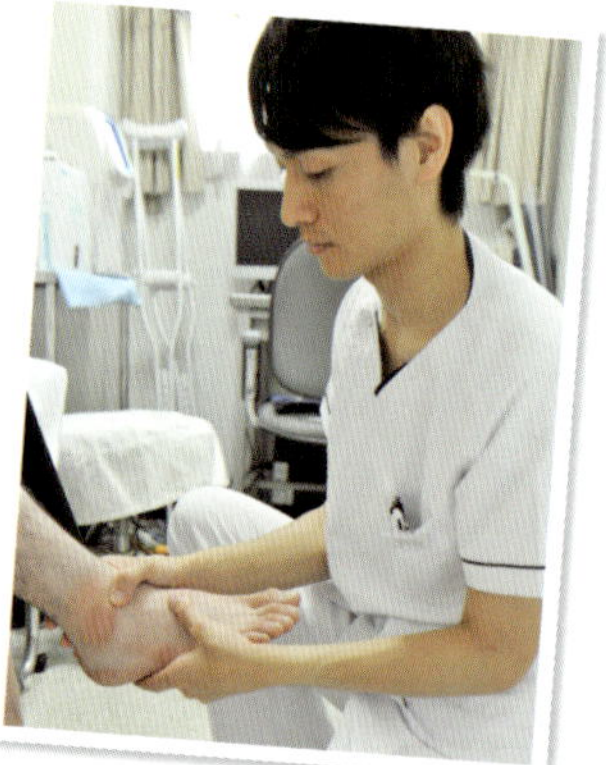

インタビュー編 いろいろな場所で働く柔《じゅう》道《どう》整《せい》復《ふく》師《し》さん

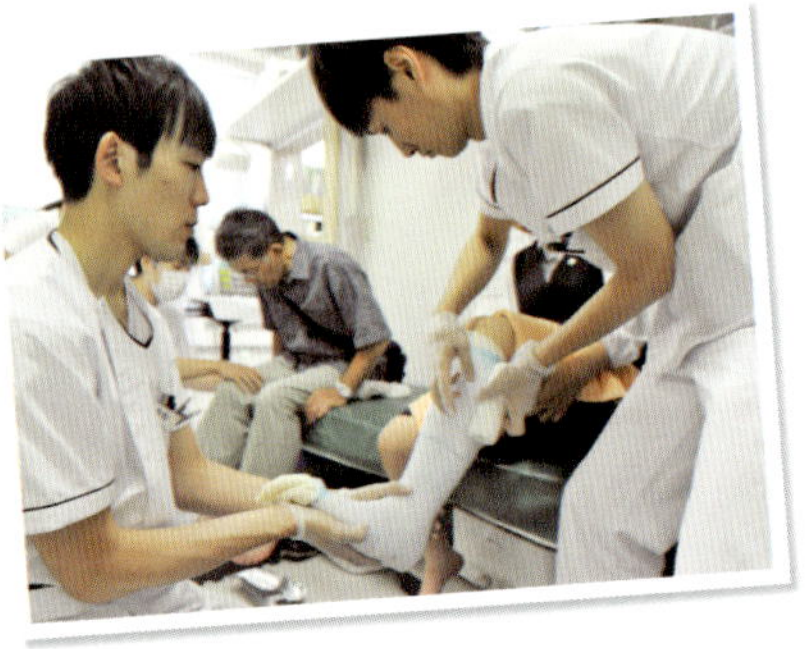

Part 2 目指せ柔《じゅう》道《どう》整《せい》復《ふく》師《し》! どうやったらなれるの?

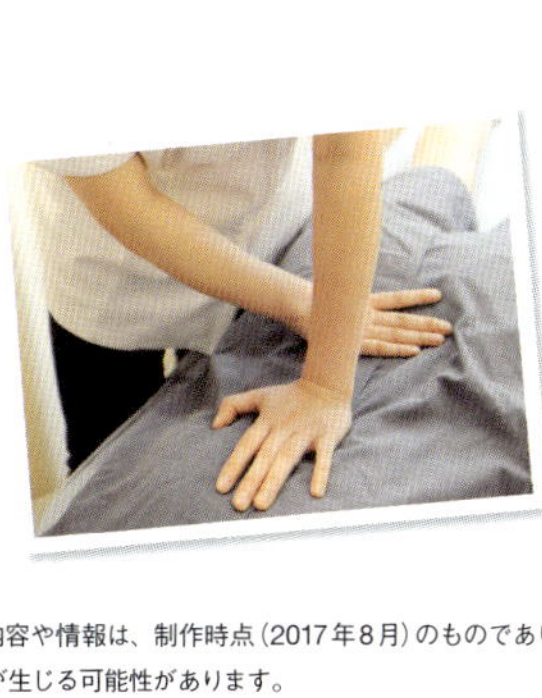

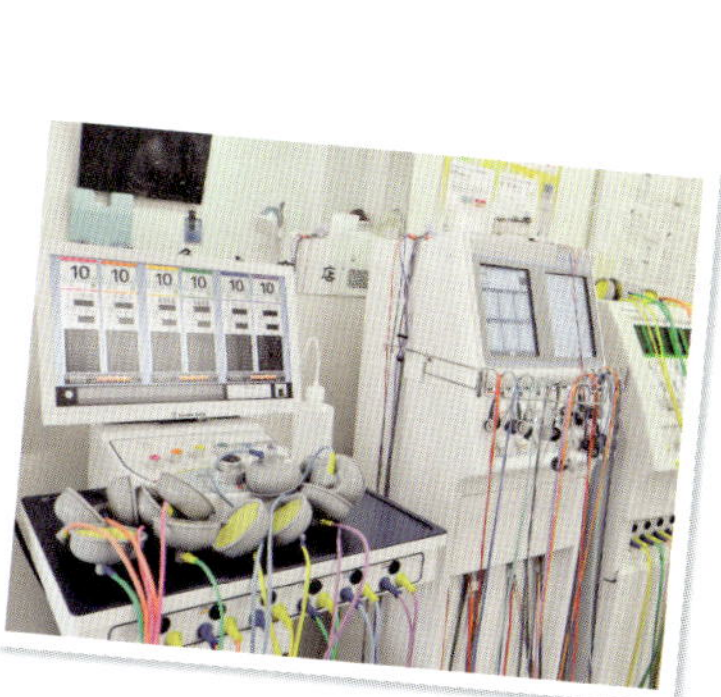

※この本の内容や情報は、制作時点（2017年8月）のものであり、
今後変更が生じる可能性があります。

柔《じゅう》道《どう》整《せい》復《ふく》師《し》の仕事場

接骨院・整骨院や整形外科《げか》に勤務したり、接骨院・整骨院を開業したりするほか、スポーツ分野や介護《かいご》分野などで活躍《かつやく》する人もいます。

施術所《せじゅつしょ》（接骨院・整骨院）

柔道整復師《じゅうどうせいふくし》が柔道整復《じゅうどうせいふく》の施術《せじゅつ》を行う施設《しせつ》のことを、正式には「施術所《せじゅつしょ》」といいます。実際には、「接骨院」「整骨院」「ほねつぎ」などの看板をかかげているのが一般的《いっぱんてき》です。柔道整復師《じゅうどうせいふくし》には、定められた範囲《はんい》のケガについては医師の指示や指導を受けずに施術《せじゅつ》を行うことが認められています。ただし、ケガの状態によっては、医療施設《いりょうしせつ》の受診《じゅしん》をすすめるなど、状況《じょうきょう》に合わせた対応も必要です。柔道整復師《じゅうどうせいふくし》資格があれば、自ら施術所《せじゅつしょ》を開設し、開業することが可能です。

医療施設《いりょうしせつ》

医師が診療《しんりょう》を行う病院や診療所《しんりょうじょ》で、看護師や理学療法士《りがくりょうほうし》などの医療職《いりょうしょく》とともに働く柔《じゅう》道整復師《どうせいふくし》もいます。ケガをあつかう柔道整《じゅうどうせい》復師《ふくし》は、おもに整形外科《げか》で働いています。医師の同意のもと、骨折・脱臼《だっきゅう》の整復や固定を行ったり、リハビリにたずさわったりします。医師がいるので、レントゲン検査や手術が必要な患者《かんじゃ》さんも来院します。

介護施設《かいごしせつ》

柔道整復師《じゅうどうせいふくし》資格があれば、特別養護老人ホーム、介護《かいご》老人保健施設《しせつ》、デイサービスセンターなどで、機能訓練指導員として働くことができます。利用者さんの心身の機能評価やリハビリ、レクリエーションなどを実施《じっし》するのがおもな仕事です。

スポーツチーム

柔道整復師《じゅうどうせいふくし》の知識と技術をいかして、スポーツチームのトレーナーとして働く人もいます。また、施術所《せじゅつしょ》などで働きながら、スポーツチームをサポートしたり、大会で選手のケアをしたりする柔道整復師《じゅうどうせいふくし》もいます。このような仕事をする人の多くは、柔道整《じゅうどうせい》復師《ふくし》資格とあわせて、アスレティックトレーナーなどの民間資格も取得しています。

健康関連企業《きぎょう》

スポーツジムやフィットネスクラブなどを経営する企業《きぎょう》に就職し、施設《しせつ》を利用する人たちを対象にトレーニング指導を行うなど、柔道整復師《じゅうどうせいふくし》の専門的な知識をいかして働くこともできます。

教育機関

施術所《せじゅつしょ》や医療施設《いりょうしせつ》である程度の経験を積んだ柔道整復師《じゅうどうせいふくし》が、養成校の教員として、後進の指導にあたっています。

柔《じゅう》道《どう》整《せい》復《ふく》師《し》大《だい》解《かい》剖《ぼう》！

柔道整復師《じゅうどうせいふくし》はいつもどんなスタイルで、どんな道具を使って仕事をしているのでしょう。身につけているものや身だしなみのポイント、よく使う道具を紹介《しょうかい》します。

ユニフォーム

髪型《かみがた》

施術《せじゅつ》のじゃまにならず、清潔感のある髪型《かみがた》を心がける。長ければまとめたり、ピンでとめたりする。

白衣

上下に分かれたパンツスタイルの白衣で、動きやすい。

名札

来院した人に名前が分かるように、胸に名札をつける。

手・つめ

こまめに洗い、アルコール消毒して清潔に保つ。患者《かんじゃ》さんにふれる仕事なので、つめは短く切っておく。

靴《くつ》・靴下《くつした》

施術《せじゅつ》の際、台の上に足をのせたりすることも多いため、脱《ぬ》ぎはきしやすいサンダルをはいている。清潔な靴下《くつした》も必須《ひっす》。

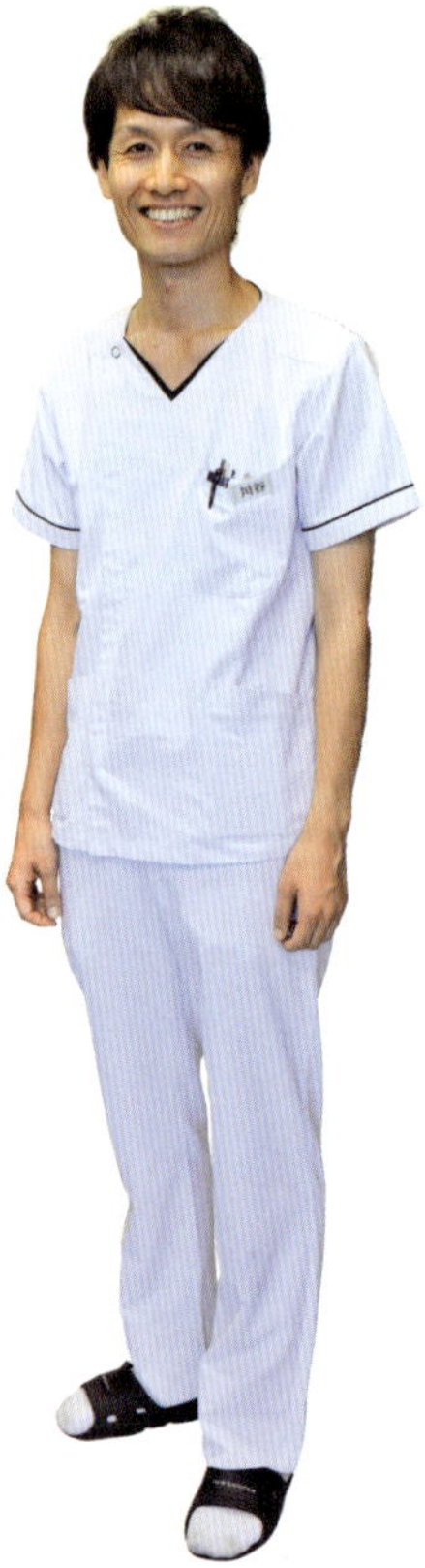

男性の柔道整復師《じゅうどうせいふくし》も、動きやすい白衣を着用。勤務先によってユニフォームの色や形はさまざまです。医療施《いりょうし》設《せつ》では、左の写真のような半そででVネックの医療用《いりょうよう》スクラブや、首の部分が立てえりになっているケーシーという白衣などが一般的《いっぱんてき》です。

よく使う道具

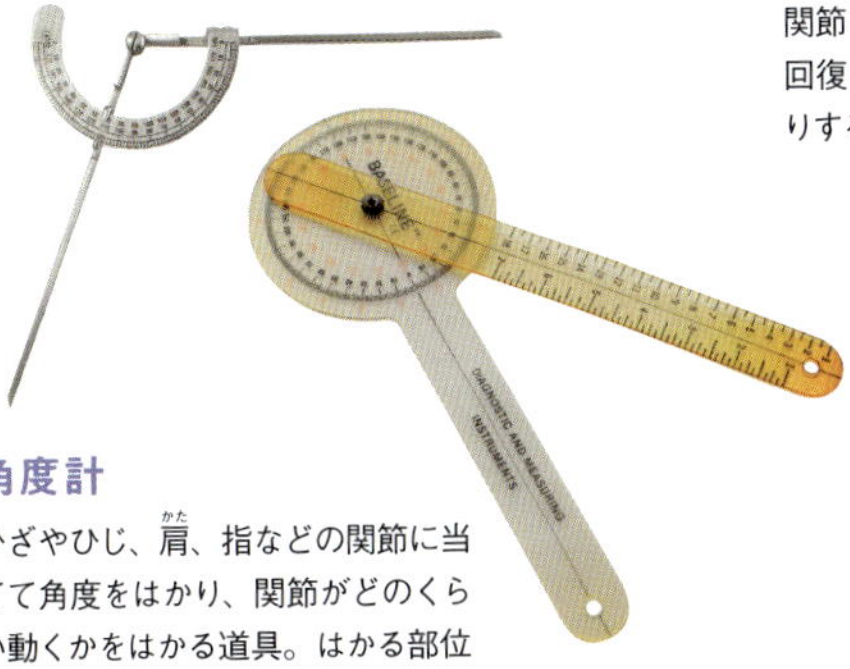

角度計

ひざやひじ、肩《かた》、指などの関節に当てて角度をはかり、関節がどのくらい動くかをはかる道具。はかる部位によって、大きさや形はさまざま。

包帯・テーピング用テープ

関節などに巻いて固定し、ケガの回復を助けたり、ケガを予防したりする。

骨折やねんざの固定には、ギプス（30ページ）やシーネ（金属や樹脂《じゅし》などでできた板。患部《かんぶ》にそえて包帯やテープで固定する）も使います。

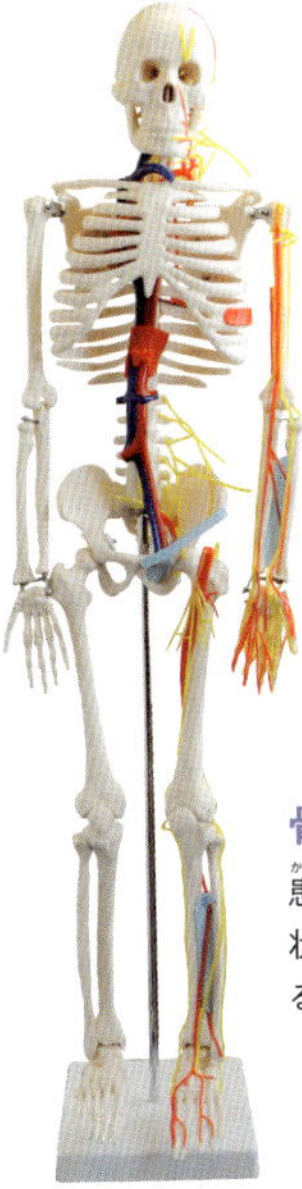

骨格模型

患者《かんじゃ》さんにケガの状態などを説明するときに使う。

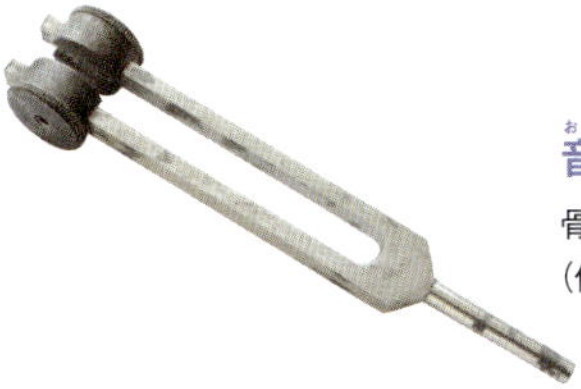

音叉《おんさ》

骨折の有無を調べるために使う。
（使い方は22ページ）

知覚計

皮膚《ひふ》の表面に近い神経にまひがないかどうかを調べる道具。

氷嚢《ひょうのう》

患部《かんぶ》を冷やすときに、中に氷を入れて使う。

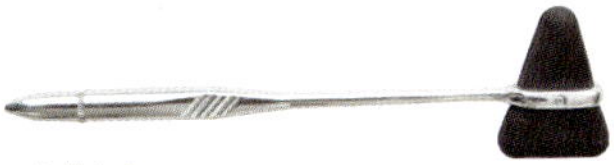

打腱器《だけんき》

ひざやひじなどをたたき、その反応からまひの状態を確認《かくにん》する道具。

メジャー

足の長さの差や、足の太さ（筋肉の太さ）などをはかるときに使う。

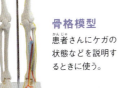

いちばんだいじな道具は「手」

専門的な知識と技術をもつ柔道整復師《じゅうどうせいふくし》は、患者《かんじゃ》さんの体に手でふれるだけで多くのことがわかります。また、柔道整復師《じゅうどうせいふくし》が行う施術《せじゅつ》は、てのひらや指を用いて患者《かんじゃ》さんの体に刺激《しげき》を与《あた》える方法（手技療法《りょうほう》）が中心です。柔道整復師《じゅうどうせいふくし》にとって、最も大切な仕事道具は手だと言ってもよいでしょう。

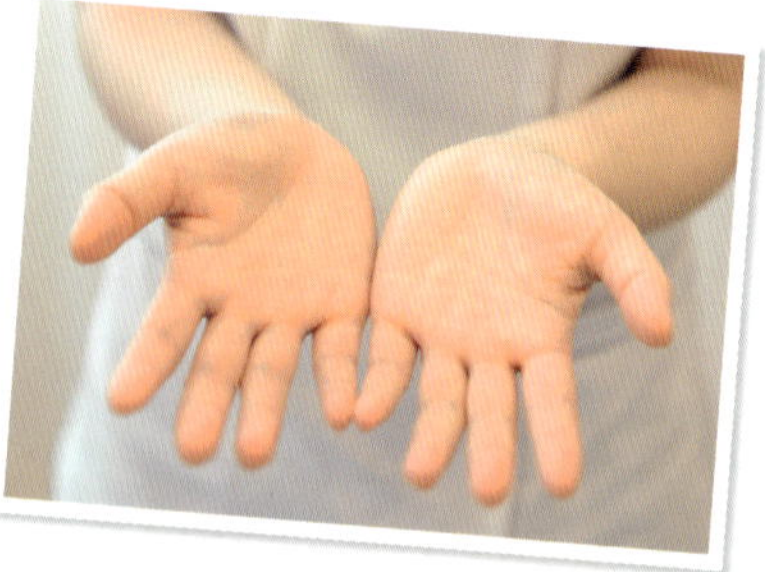

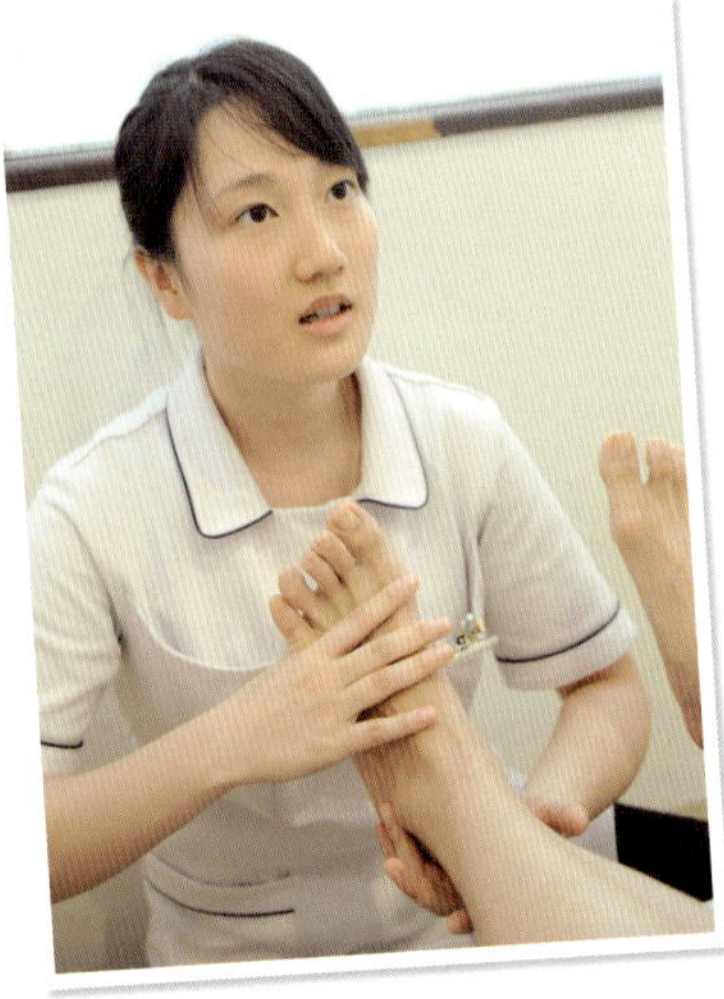

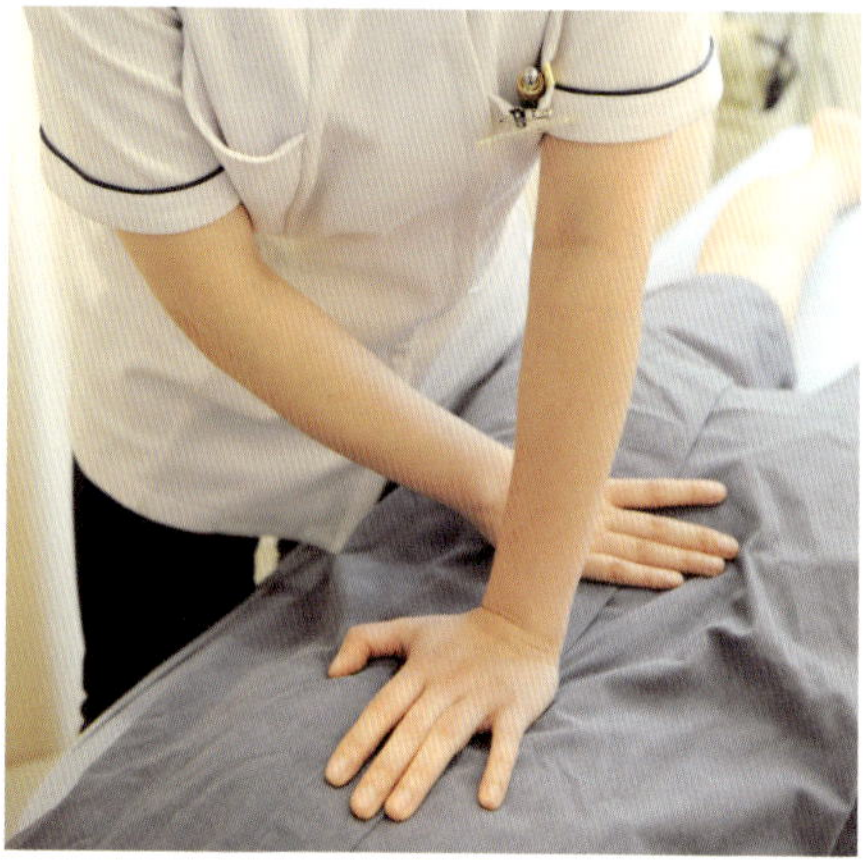

患者《かんじゃ》さんが痛みを訴《うった》えている部分やその周辺を手でさわり、筋肉のかたさや張り具合をチェック。押《お》したり動かしたりして、痛みが出ないか、引っかかりがないかなどを確認《かくにん》することもあります。

柔道整復《じゅうどうせいふく》では、さする、もむ、押《お》す、たたくなど、さまざまな方法で患者《かんじゃ》さんの体に刺激《しげき》を与《あた》えます。患者《かんじゃ》さんの状態に合わせて、どんな種類の刺激《しげき》を、どのくらいの強さで与《あた》えるかを判断することが重要です。

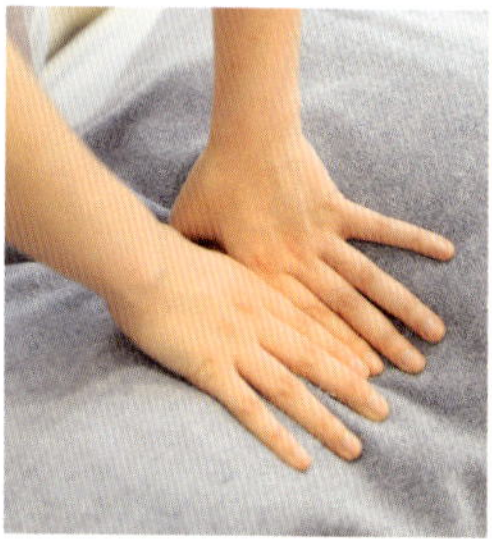

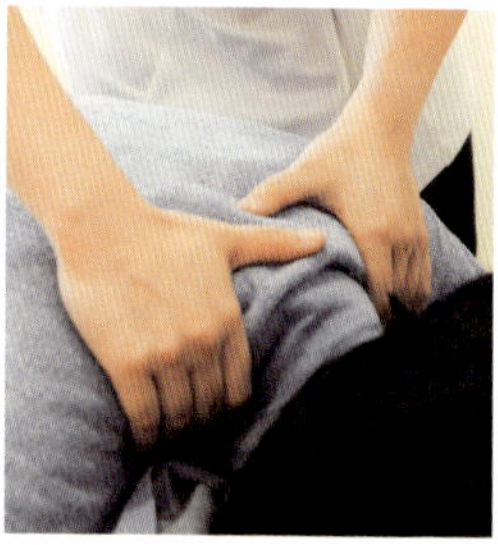

Part 1

柔道整復師《じゅうどうせいふくし》の一日を見て！ 知ろう！

町の整骨院で働く柔道整復師《じゅうどうせいふくし》、
整形外科《げか》の診療所《しんりょうじょ》で働く柔道整復師《じゅうどうせいふくし》、
それぞれの一日に密着！

整骨院で働く 柔道整復師《じゅうどうせいふくし》の一日

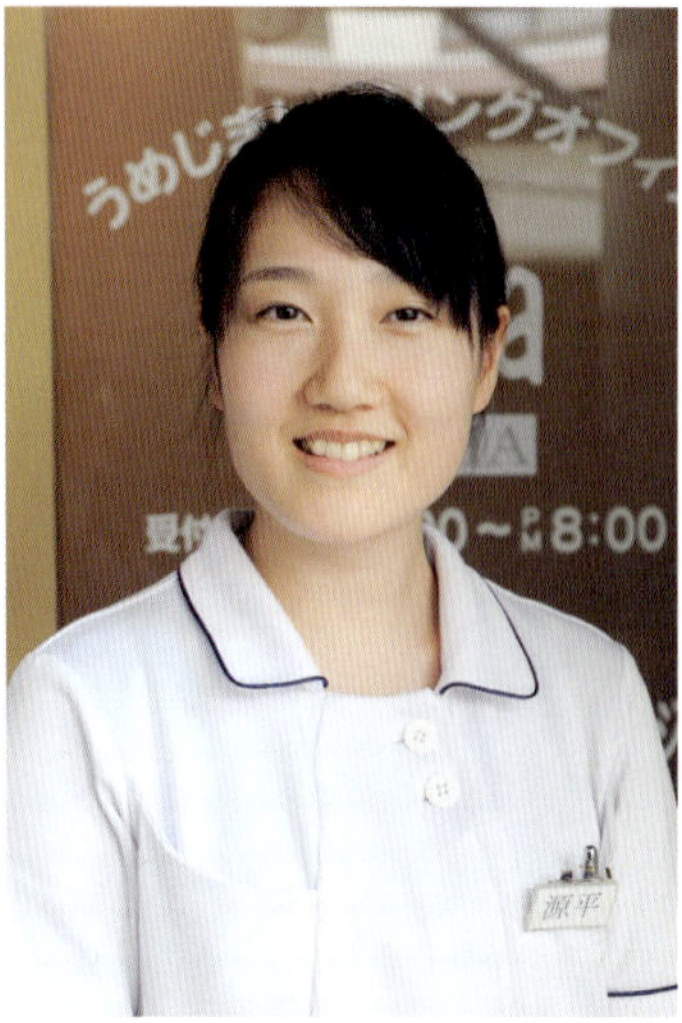

取材に協力してくれた
柔道整復師《じゅうどうせいふくし》さん

源平《げんぺい》 朱莉《あかり》さん（23歳《さい》）

レフアうめじま整骨院
柔道整復師《じゅうどうせいふくし》

Q どうして柔道整復師《じゅうどうせいふくし》になったのですか？

中学生のころから部活動でバスケットボールをやっていてケガをすることが多く、接骨院によく通っていました。そこで柔道整復《じゅうどうせいふく》師《し》にお世話になったことが、この仕事を目指したきっかけです。医師よりも身近な存在として、ケガを治し、体の使い方などもアドバイスしてくれるところにあこがれました。

Q この仕事のおもしろいところは？

施術《せじゅつ》によって、患者《かんじゃ》さんのケガや不調が治っていく過程を見られるところです。日々少しずつ状態が変化していくようすを観察することは興味深いですし、患者《かんじゃ》さんの役に立っていることを実感できて、やりがいも感じます。患者《かんじゃ》さんと接する時間が長いため、深くかかわることができるのも、この仕事の魅力《みりょく》だと思います。

ある一日のスケジュール

9:15 出勤、開院準備
▼
9:45 ミーティング
▼
10:00 午前の施術《せじゅつ》
▼
13:30 昼休み
▼
15:30 午後の施術《せじゅつ》
▼
21:00 終業

9:15

出勤、開院準備

? 出勤したらまずどんなことをするの？

おはようございます

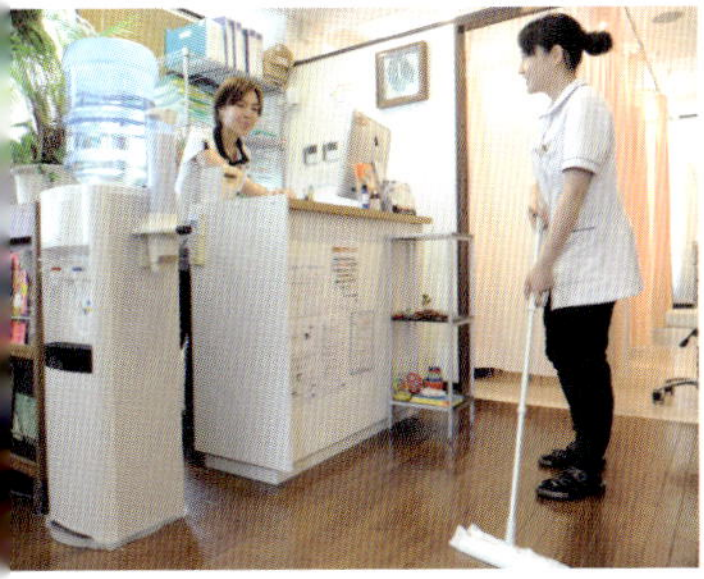

患者《かんじゃ》さんに気持ちよく過ごしてもらえるよう、スタッフ全員で院内を清掃《せいそう》します。

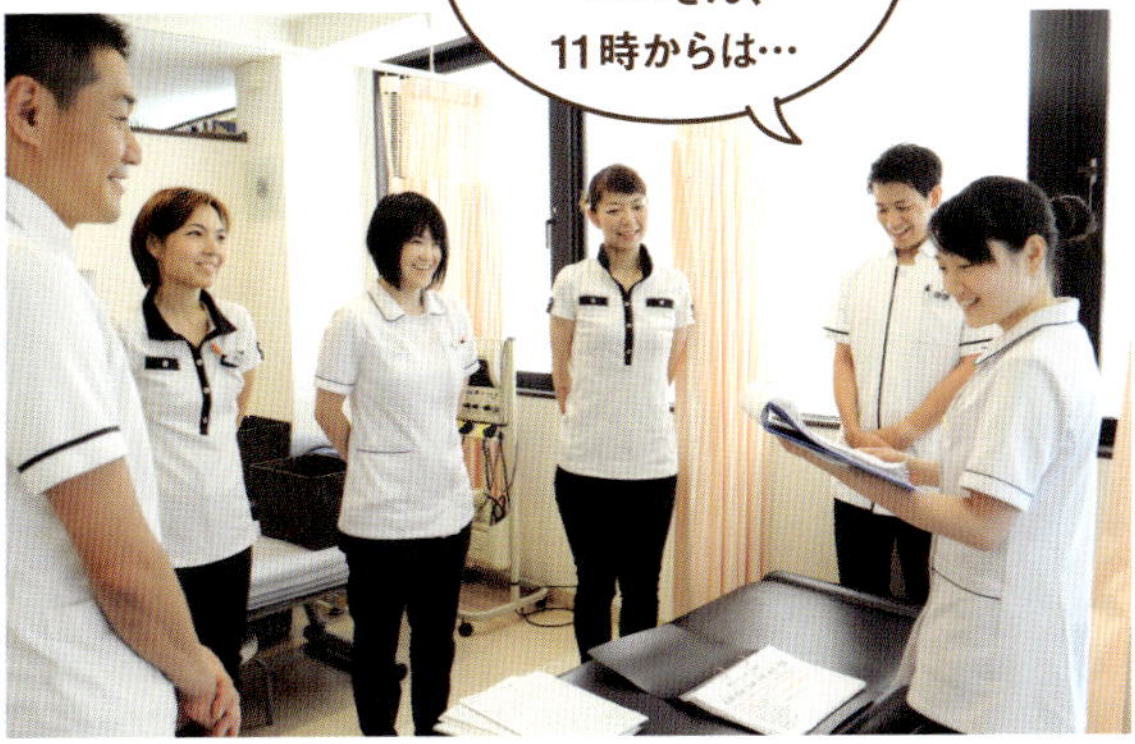
きょうの予約は、10時から○○さんと△△さん、11時からは…

ミーティングの進行役は、曜日ごとに交代で担当しています。

患者《かんじゃ》さんをむかえる準備を整え、ミーティングで予定を確認《かくにん》

出勤して白衣に着がえたら、まずは院内の清掃《せいそう》。床《ゆか》をはき、施術室《せじゅつしつ》のベッド、待合室の机やいすをふきます。施術中《せじゅつちゅう》にベッドの顔の部分に敷《し》くフェイスペーパーや、物理療法《りょうほう》（18ページ）に使う機械の電極パッドなどもそろえておきます。入口付近は、外側もほうきではき、看板やのぼりをセットします。

開院準備が整ったら、9時45分からは朝のミーティングです。その日の予約の確認《かくにん》、申し送り事項《じこう》の伝達のほか、前日の来院者数と売り上げ、新しい患者《かんじゃ》さんの情報も共有します。また、この整骨院では、患者《かんじゃ》さんと接する際にはきはきと話ができるよう、朝のミーティングで発声練習をしています。一人ずつ早口言葉を言ったり、声をそろえて「おはようございます」「ありがとうございます」などのあいさつをしたりして、おなかから声を出します。

10:00

午前の施術《せじゅつ》

整骨院にはどんな患者《かんじゃ》さんが来るの？

痛みが出始めたきっかけに、何か心当たりはありますか？

まずは患者《かんじゃ》さんに書いてもらった問診票《もんしんひょう》を見ながら、何をしていて、どのようにして、どこを傷《いた》めたのか話を聞きます。また、いつから、どこが、どんなふうに痛むのか、何をすると痛むのかなど、症状《しょうじょう》をくわしく聞きとります。

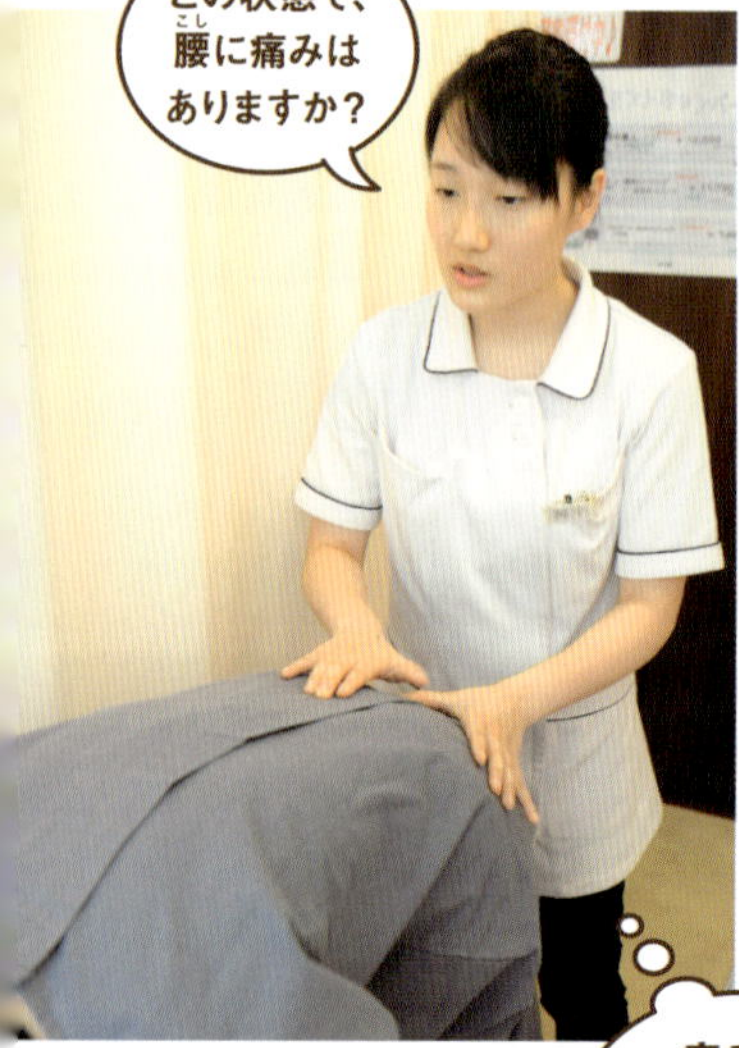
この状態で、腰《こし》に痛みはありますか？
痛みの原因はどこにあるかな？

腰痛《ようつう》の場合、まずは患者《かんじゃ》さんに自分で前かがみになってもらってチェック。

手足の関節、首、肩《かた》、腰《こし》などにケガや痛みがある人が来院

接骨院や整骨院では、骨、関節（骨と骨の連結部分）、筋肉、腱《けん》（骨と筋肉をつなぐ組織）、靭帯《じんたい》（骨と骨をつなぐ組織）などのケガをおもにあつかいます。具体的には、骨折、脱臼《だっきゅう》、打ち身、ねんざ、肉ばなれなどです（※）。これらのケガは、外から見てもわからない場合も多く、ケガをしたという自覚がないまま、痛みを訴《うった》えて来院する患《かん》者《じゃ》さんもいます。

柔道整復師《じゅうどうせいふくし》は、まず患者《かんじゃ》さんからよく話を聞いて症状《しょうじょう》を把握《はあく》。次に、患者《かんじゃ》さん自身に動いてもらって、体の動かし方を観察します。そのあと、患者《かんじゃ》さんの体にふれたり、動かしたりしながら、骨や関節の動き、筋肉のかたさや張り、痛みの出方などを細かく確かめていきます。痛みの原因に見当がついたら、患者《かんじゃ》さんにくわしく説明して、これからどんな施術《せじゅつ》を行うかを伝えます。

※骨折と脱臼《だっきゅう》については、柔道整復師《じゅうどうせいふくし》が応急手当以外の施術《せじゅつ》を行うには医師の同意が必要。

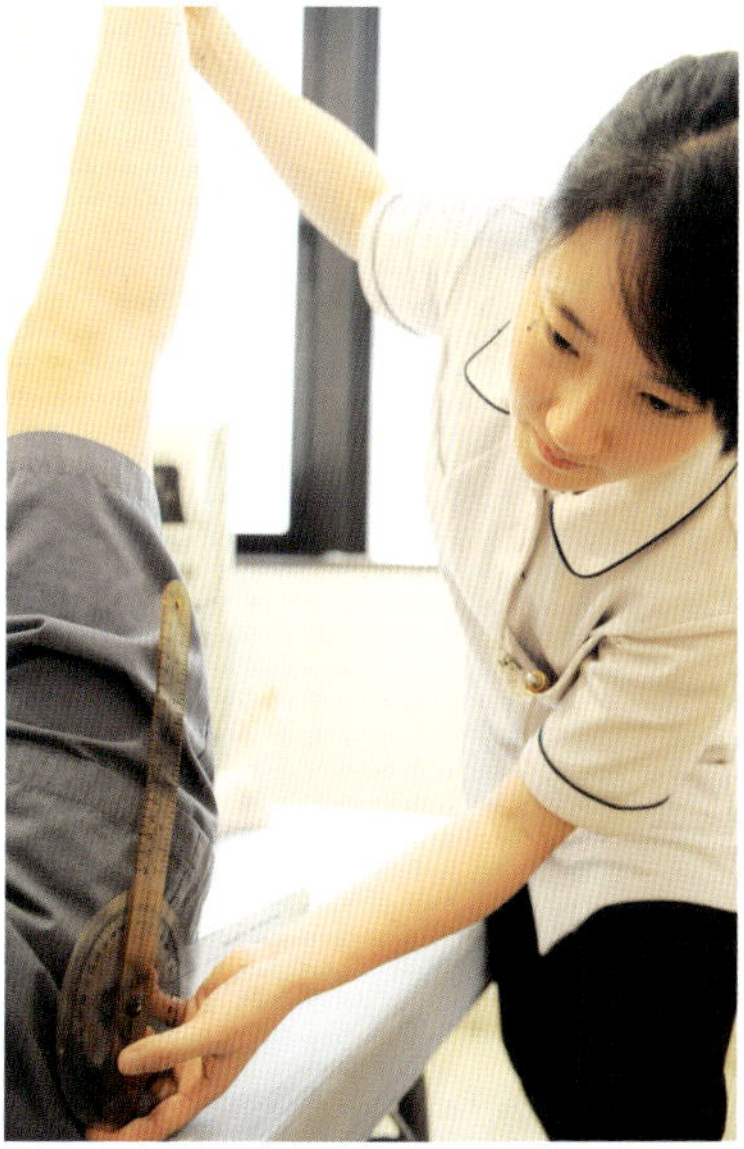

角度計で、脚《あし》のつけ根の関節の可動域（動く範《はん》囲《い》）をチェック。患者《かんじゃ》さんのかかとを持ち、ひざをのばした状態で足を上げて、どこまで上がるか調べます。

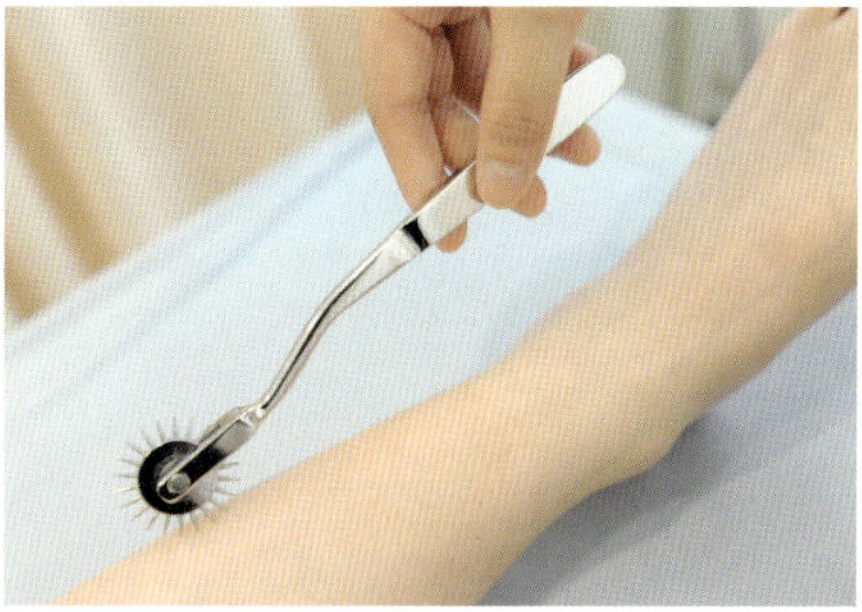

知覚計をすねの部分でコロコロと転がし、神経に異常がないかどうかを調べます。腰痛《ようつう》の原因によっては、足の神経にまひが出る場合があるためです。

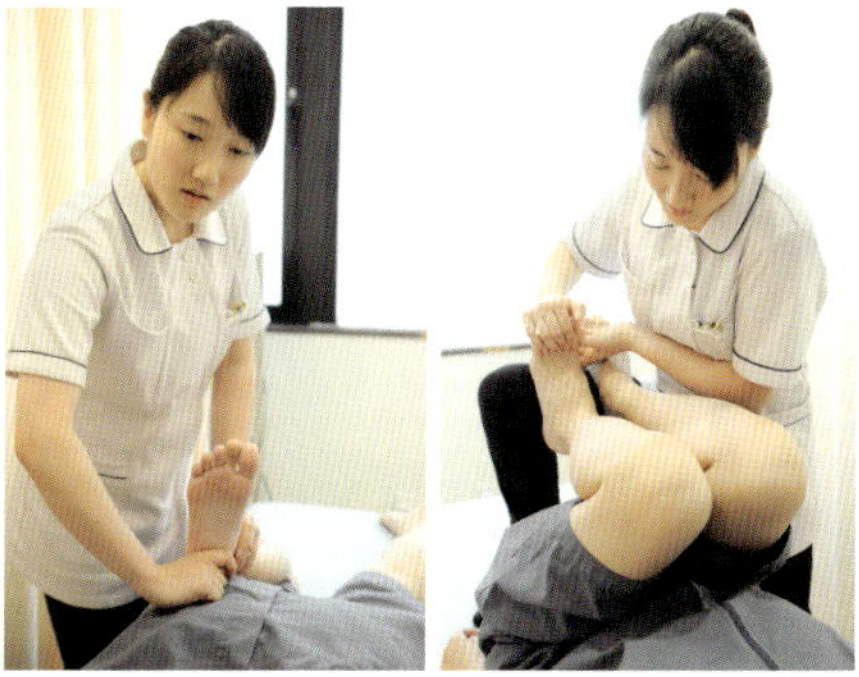

影響《えいきょう》が出る可能性があるところを次々とチェック。いろいろな姿勢でひざや足首を曲げたり、押《お》したりすることで、痛みの出方や筋肉のかたさなどを確認《かくにん》します。

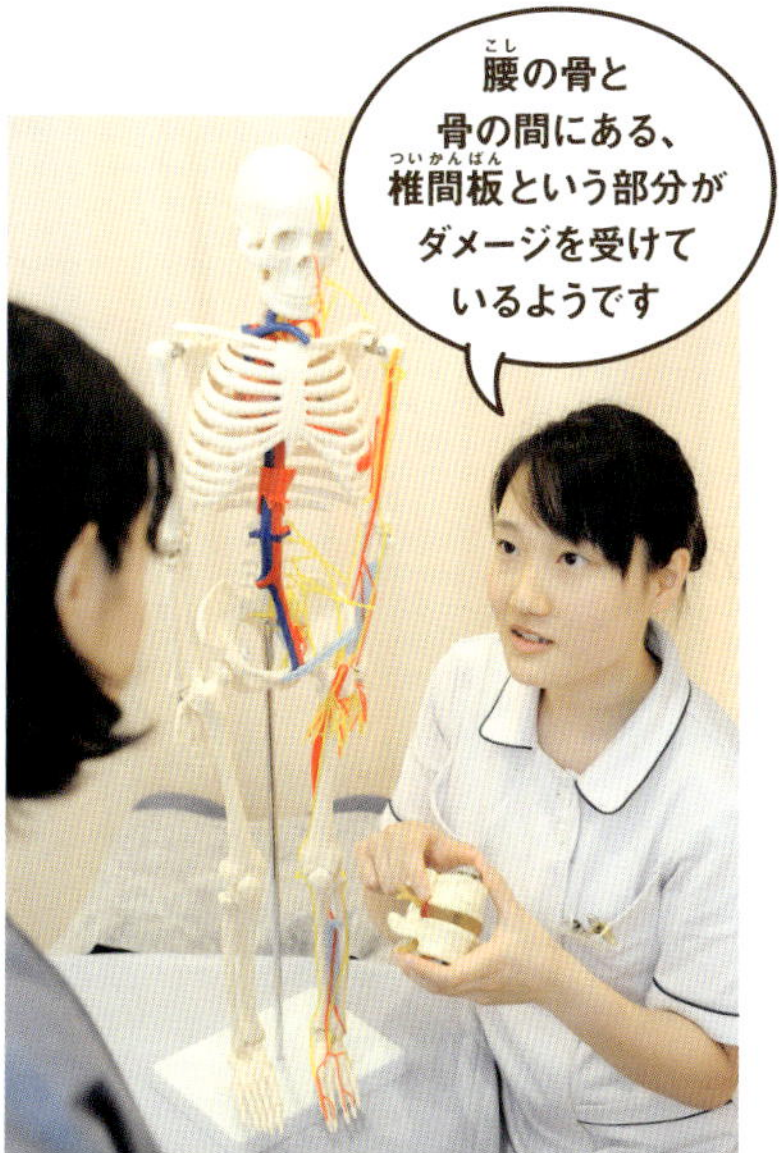
腰《こし》の骨と
骨の間にある、
椎間板《ついかんばん》という部分が
ダメージを受けて
いるようです

わかりやすく伝えるために、骨格模型を使って説明することもあります。

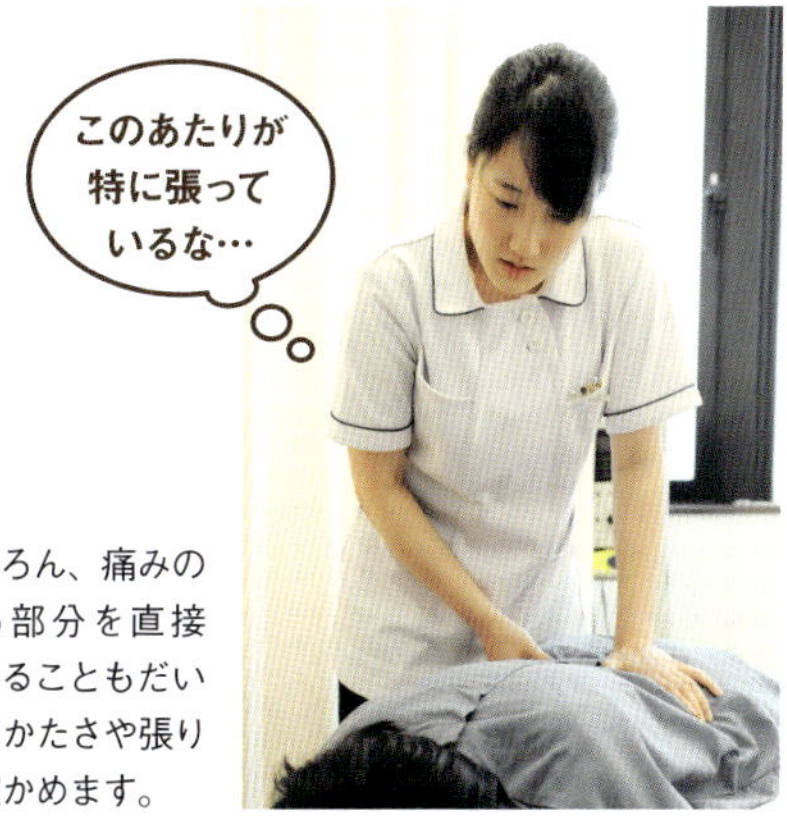
このあたりが
特に張って
いるな…

もちろん、痛みのある部分を直接さわることもだいじ。かたさや張りを確かめます。

？ 施術《せじゅつ》には機械も使うの？

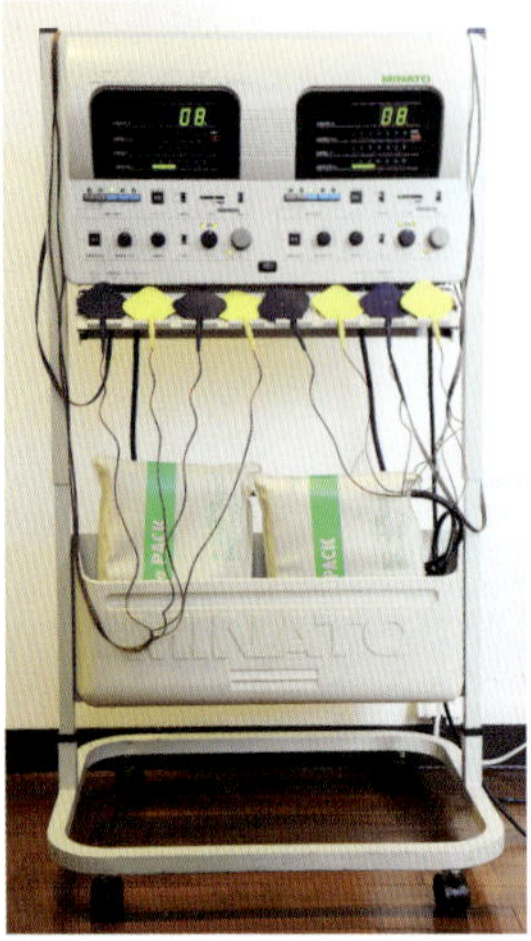

痛みのある部分の周辺に電極のパッドをはり、電気を流す電気治療《ちりょう》。流す電気の強さは、患者《かんじゃ》さんの体の状態や感じ方に合わせて調節します。

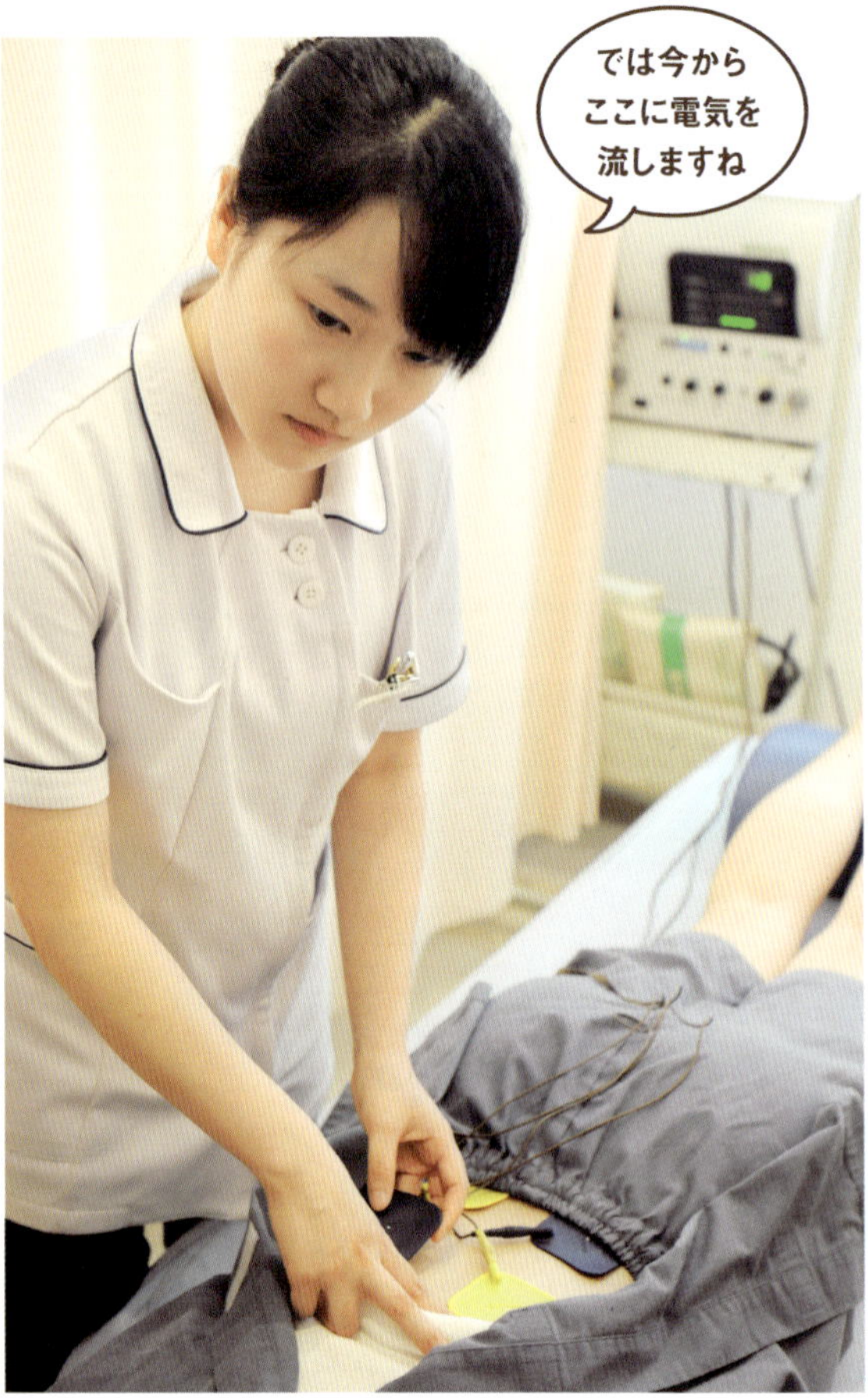

回復をうながすために、機械を用いて刺激《しげき》を加えます

柔道整復《じゅうどうせいふく》の施術《せじゅつ》方法には、大きく分けて3つあります。骨折や脱臼《だっきゅう》でずれたり外れたりした骨をもとの状態にもどす「整復法」、骨折やねんざの患部《かんぶ》を固定する「固定法」、そして、ケガからの回復をうながすために患《かん》部《ぶ》やその周辺にさまざまな刺激《しげき》を加える「後《こう》療法《りょうほう》」です。人間には本来、自らケガや病気を治そうとする力（自然治癒力《ちゆりょく》）が備わっています。この自然治癒力《ちゆりょく》を最大限に引き出し、できるだけ早くケガを治すことが、柔道《じゅうどう》整復《せいふく》の目的です。

後療法《こうりょうほう》では、手を使って刺激《しげき》を加える手技療法《りょうほう》だけでなく、機械を用いた物理療法《りょうほう》も行います。電気を使うもの、超音波《ちょうおんぱ》（人間の耳には聞こえない高い音が起こす波動）を使うものなど、さまざまな種類の機械があります。柔道整復師《じゅうどうせいふくし》は、患者《かんじゃ》さんの状態に適した機械を選んで施術《せじゅつ》します。

? 柔道整復《じゅうどうせいふく》って痛くないの?

押《お》しながら足を動かし、腰《こし》の周りの筋肉をゆるめているところ。体中の筋肉がどのように連動しているかを理解し、うまく利用しています。

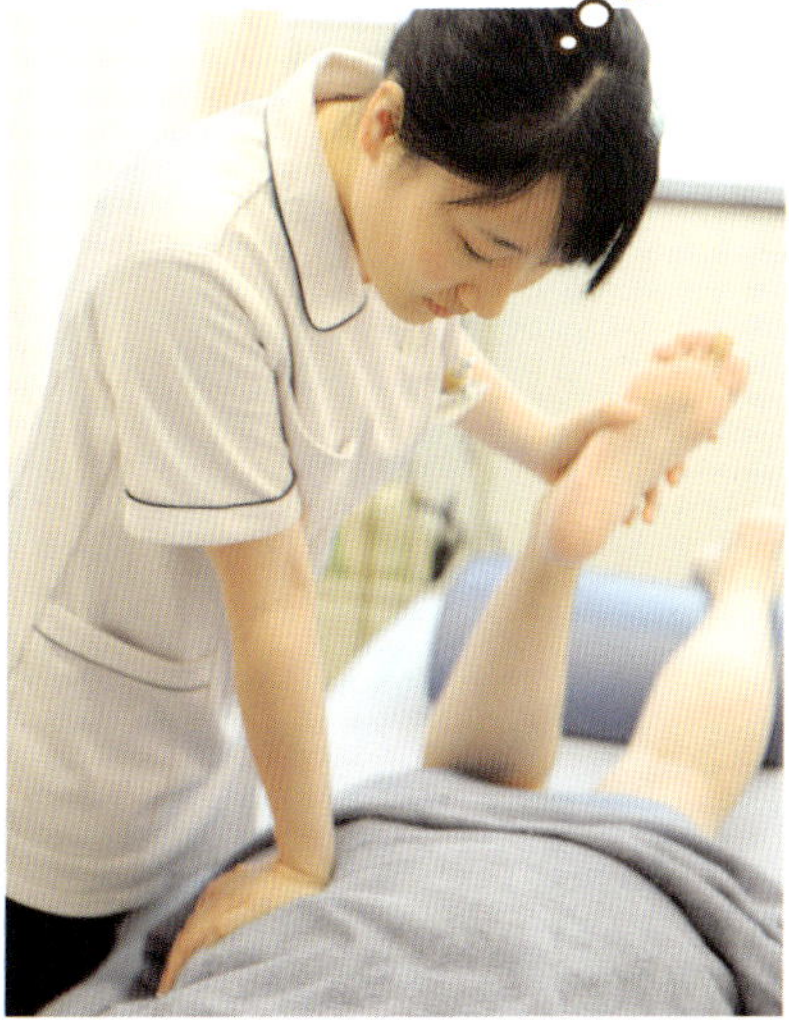
筋肉がかたく、関節が動きづらくなっているな

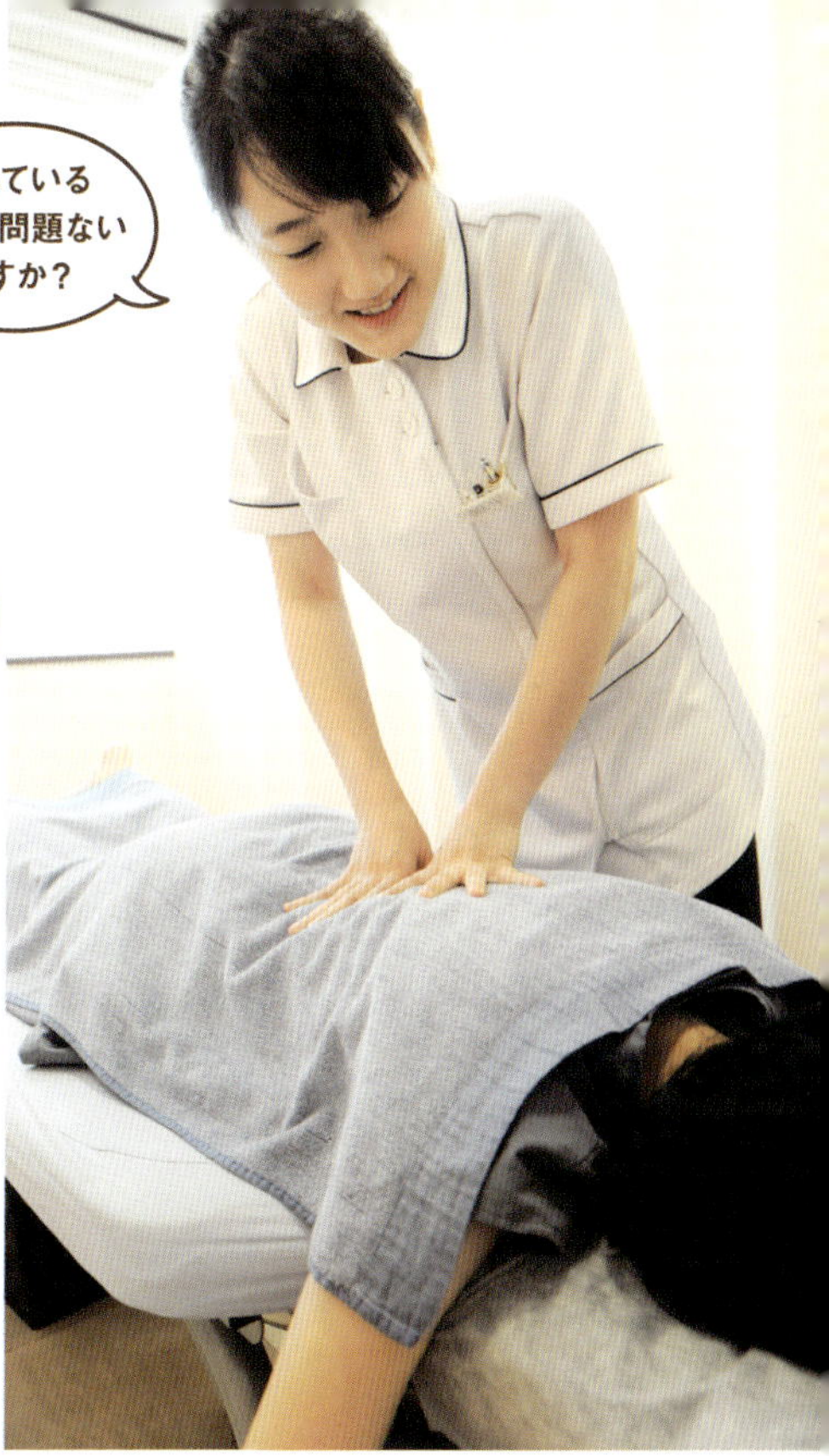
押《お》している強さは問題ないですか?

刺激《しげき》の強さは適当か、さわられたり押《お》されたりすることで痛み、しびれ、違和感が出ていないかを、患者《かんじゃ》さんに確かめながら施術《せじゅつ》します。

痛みの少ない施術《せじゅつ》によって、ケガを早く治します

患者《かんじゃ》さんの状態に合わせて適切な方法、適切な強さで行うため、施術《せじゅつ》による痛みは強くはありません。むしろ、施術《せじゅつ》によって、ケガをした部分の痛みやはれをおさえることができるのです。

柔道整復《じゅうどうせいふく》では、おもに手を使って患者《かんじゃ》さんの体をもんだりのばしたりして、皮膚《ひふ》を傷つけることなく施術《せじゅつ》します。医師による治療《ちりょう》とはちがい、手術、注射、薬の使用は行いません。柔道整復師《じゅうどうせいふくし》がこれらの行為《こうい》を行うことは、法律で禁じられています。

おだいじになさってください!

13:30

昼休み

お昼ごはんや休憩《きゅうけい》の時間はあるの？

昼食は、家から弁当を持参するか、近くの店で買ってきます。スタッフみんなでおしゃべりしながら食事をすると、ストレス発散にもなります。

休憩《きゅうけい》は2時間。昼食をとり、午後の仕事に備えてリフレッシュ

午前中の施術《せじゅつ》がすべて終われば、午後の患者《かんじゃ》さんが来院するまでの時間は昼休みです。勤務時間が長いため、休憩《きゅうけい》は2時間と長めに設定されています。昼休みの間も、予約や問い合わせの電話がかかってくるため、基本的に院内で過ごすのが決まりとなっています。

食事の時間は、スタッフ同士のコミュニケーションの場でもあります。「午前中に来院していた○○さん、だいぶ痛みが軽くなったみたい」「昨日、インターネットで見つけたトレーニング法が気になっているんだけど、知ってる？」など、仕事についての情報交換《こうかん》をしたり、仕事以外の雑談をしたりと、なごやかな雰囲気《ふんいき》です。

食事のあとは、昼寝《ひるね》をしたり本を読んだりと、それぞれが自由に過ごし、午後の仕事に備えて体と心をリフレッシュしています。

COLUMN

スポーツの大会などでも活躍《かつやく》！

柔道整復師《じゅうどうせいふくし》の知識と技術をいかし、スポーツ選手をサポート。競技力の向上やケガの予防に貢献《こうけん》します。

スポーツにケガはつきもの。ケガを予防すること、もしケガをしてしまった場合は、治療《ちりょう》とともに適切なケアをして、体に残る影響《えいきょう》をできる限り小さくしたり、再発を予防したりすることが、スポーツ選手にとってはとても重要です。

関節や筋肉などのケガをおもにあつかう柔道整復師《じゅうどうせいふくし》の知識と技術は、スポーツ選手をサポートするためにも役立てることができます。この整骨院で働く柔道整《じゅうどうせい》復師《ふくし》は、高校生の部活動の練習や大会、陸上競技の全国大会などに出向いて活動をしています。

部活動の練習では、選手の体の状態を分析《ぶんせき》し、効果的なトレーニング方法を見つけ出すことで、競技力の向上を目指します。適切な体の使い方を身につけることは、スポーツによるケガを未然に防ぐためにも役立ちます。

陸上競技などの大会では、テントを設営して、訪《おとず》れた選手たちにアイシング（はれや痛みをおさえるために冷やすこと）やストレッチ、テーピングなどのケアを行うほか、場内での事故やケガに対応する救護活動を行うこともあります。

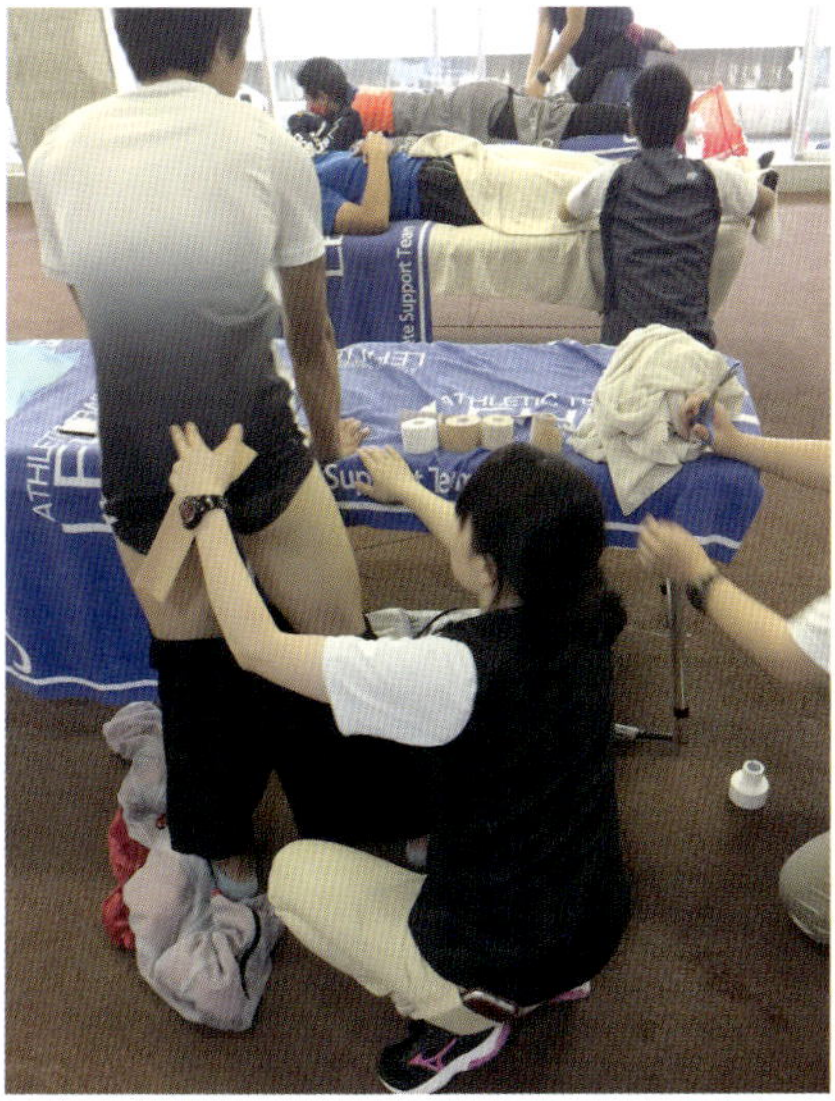

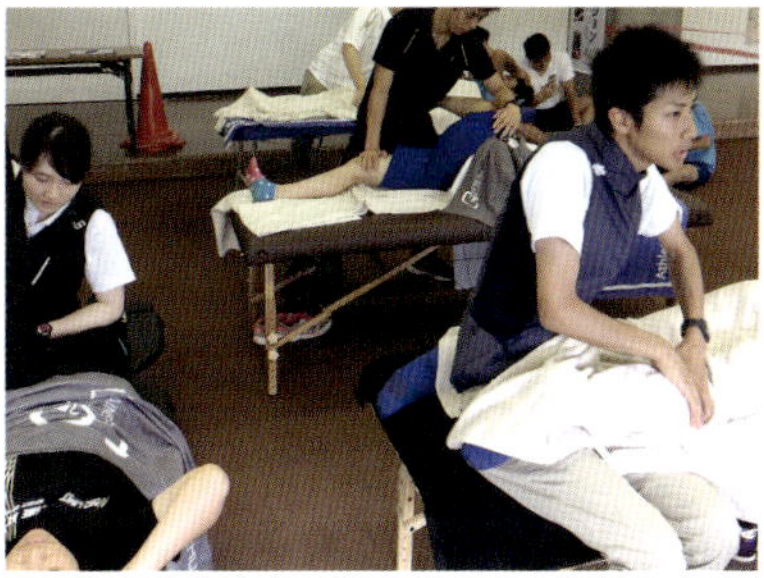

陸上競技の大会で設営したトレーナーステーションのようす。筋肉のこわばりをほぐしたり、テーピングをしたりして、選手たちが実力を発揮《はっき》できるようにサポートします。

15:30

午後の施術《せじゅつ》

? レントゲン検査はしないの?

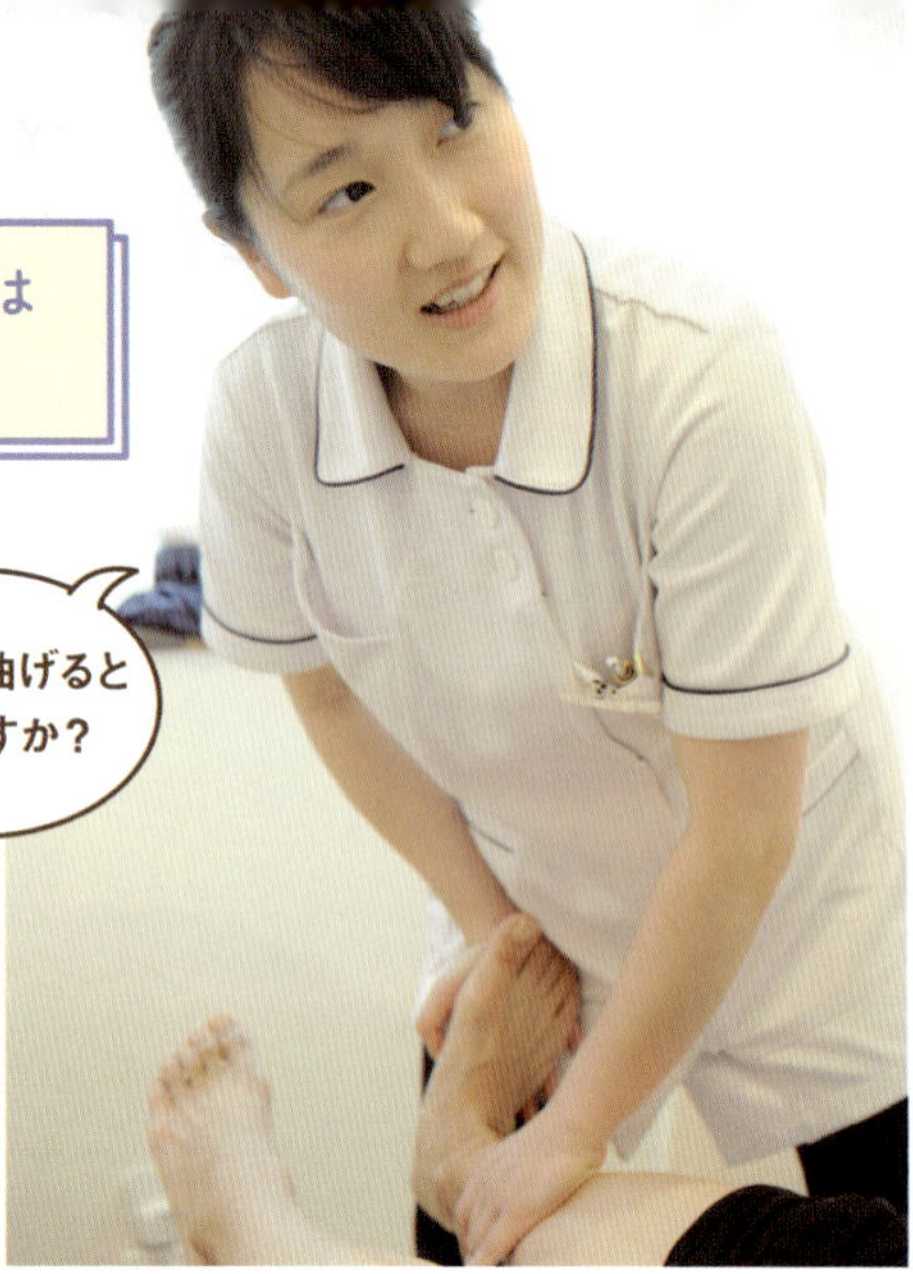

反応を見ながら、注意深く患部《かんぶ》にふれてチェック。柔道整復師《じゅうどうせいふくし》は、機械を使わずにケガの状態を調べる技術をもっています。

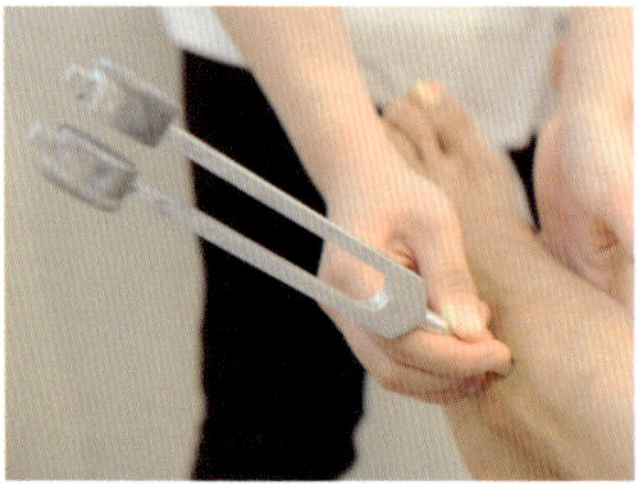

まずはケガをしていない部分に音叉《おんさ》を当て、患者《かんじゃ》さんに振動《しんどう》を感じてもらいます。そのあと、ケガの部分に当てて、感じ方のちがいを確認《かくにん》。もし骨折があれば、ズーンと響《ひび》くような痛みを感じます。

レントゲン検査はできませんが、見て、ふれて、しっかり調べます

骨の状態を調べる検査といえば、レントゲン(X線)検査が真っ先に思いうかぶでしょう。しかし、レントゲン検査を行うことができるのは、医師または歯科医師、指示を受けた診療放射線技師《しんりょうほうしゃせんぎし》に限ると、法律によって決められています。柔道整復師《じゅうどうせいふくし》がレントゲン検査を行うことは許されていません。

柔道整復師《じゅうどうせいふくし》が骨折の有無《うむ》を調べる際には、変形などがないかを目で見て観察し、ケガをしている部分を押《お》したり動かしたりして、痛みの出方を調べます。また、音叉《おんさ》を用いると、骨にごくわずかなひびや傷が入った場合でも判別することが可能です。音叉《おんさ》とは、たたくと一定の高さの音を発生させる器具で、楽器の音を合わせるときなどにも使われるもの。音叉《おんさ》を軽くたたいてから体に当てると、骨に振動《しんどう》が伝わります。この振動《しんどう》の伝わり方によって、骨折の有無《うむ》がわかるのです。

？ 患部《かんぶ》を固定するのは何のため？

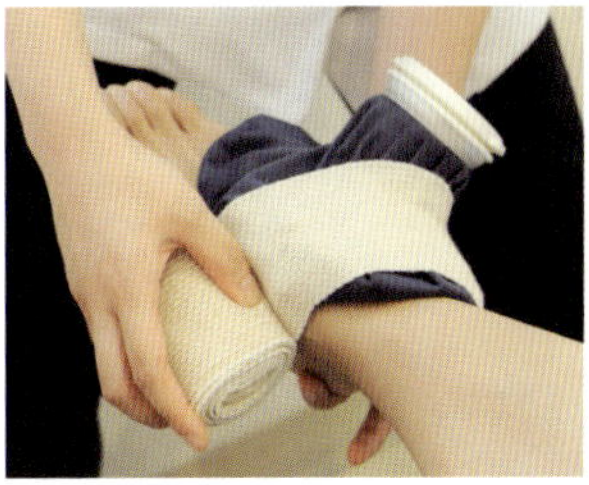

ねんざによるはれや痛み、内出血をおさえるために、まずは氷嚢《ひょうのう》で患部《かんぶ》を冷やします。

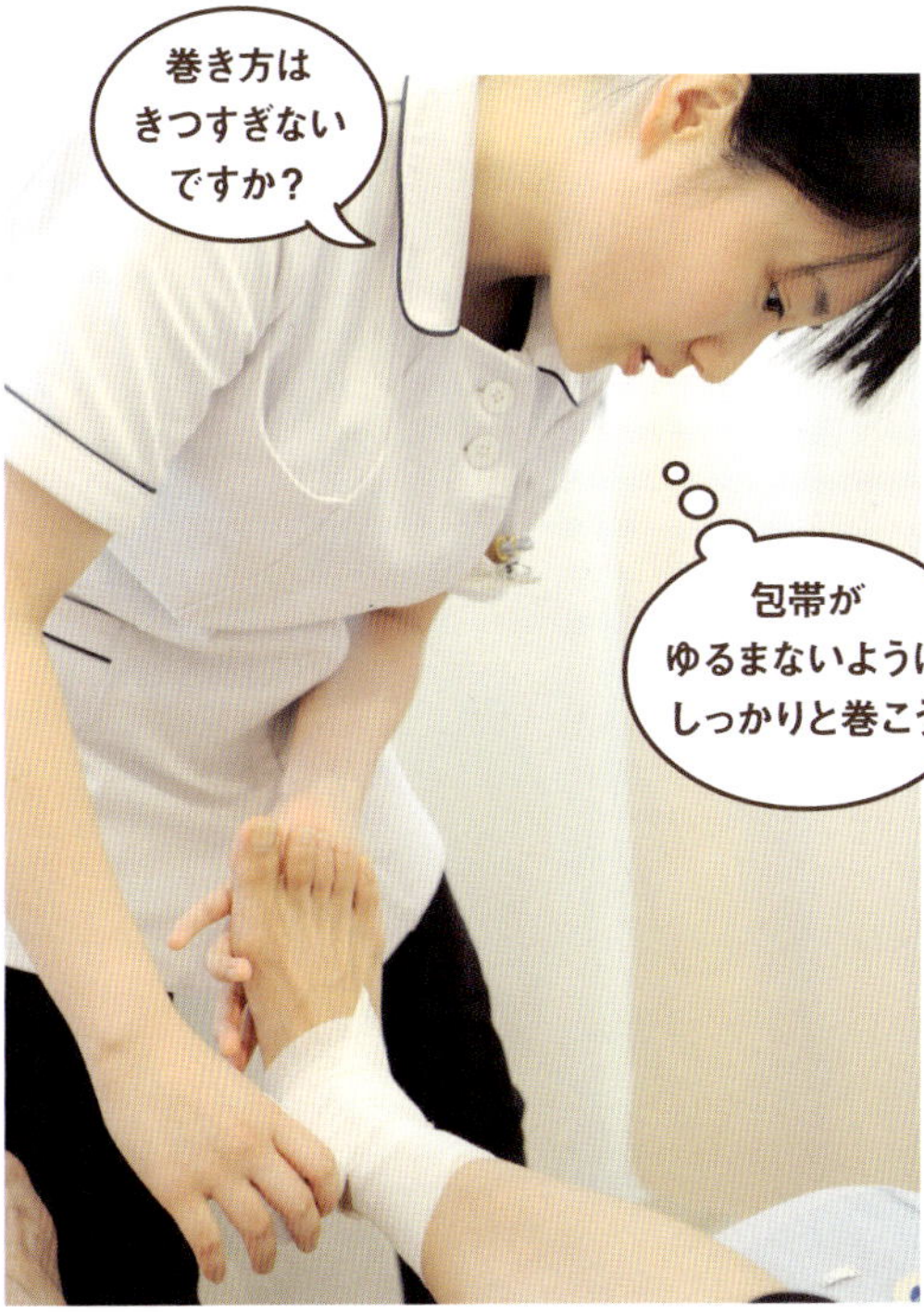
巻き方はきつすぎないですか？
包帯がゆるまないようにしっかりと巻こう

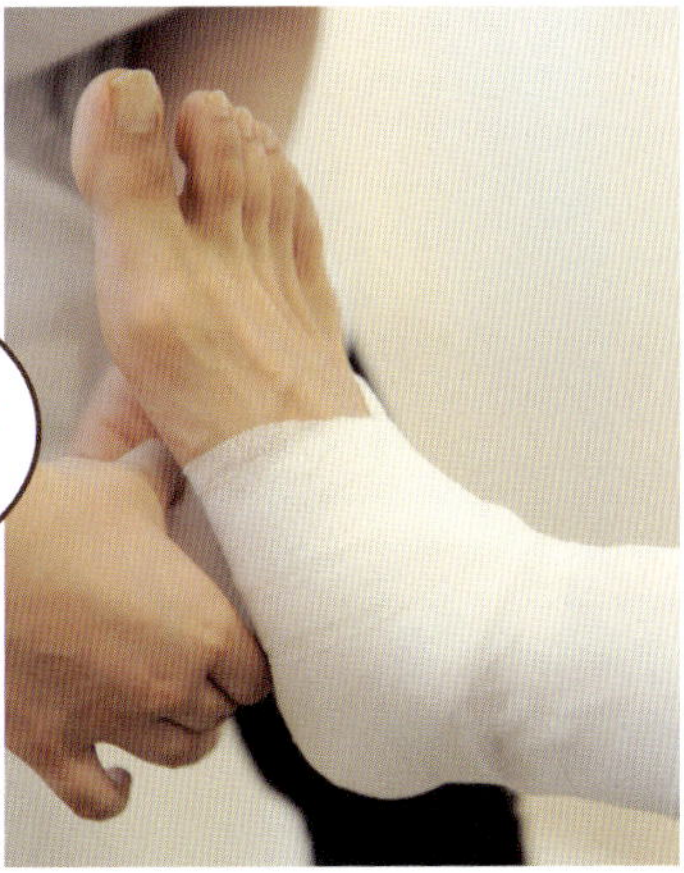

固定した状態で地面に足をつけられるよう、足首を直角に曲げた状態で包帯を巻いていきます。きつく巻きすぎないように注意しつつ、しっかりと固定します。

無理な動きを防いで安静を保ち、傷《いた》めた部分の修復を促進《そくしん》

接骨院・整骨院で多くあつかうケガの一つにねんざがあります。ねんざとは、関節をひねるなどして強い力が加わったために、関節の周りの靱帯《じんたい》などが損傷した状態のこと。患部《かんぶ》に内出血（皮膚《ひふ》の内側で出血すること）が起こり、はれや痛みをともないます。

ねんざによって靱帯《じんたい》がのびたり、部分的に切れたりした場合、本来の状態に固定して無理な動きを防ぎ、安静を保つことがとても重要です。正しく固定することで、傷《いた》めた部分の修復をうながすことができます。固定せず不用意に動かしていると、出血量が増えて治りが悪くなったり、靱帯《じんたい》がゆるんだままになったりして、後々まで影響《えいきょう》が残ることもあります。

軽いねんざでは、包帯を巻いたりテーピングしたりするのが一般的《いっぱんてき》ですが、重度のねんざや骨折の場合はギプスで固定します。

21:00 終業

整骨院でもカルテを書くの？

必要な情報を
正確に…

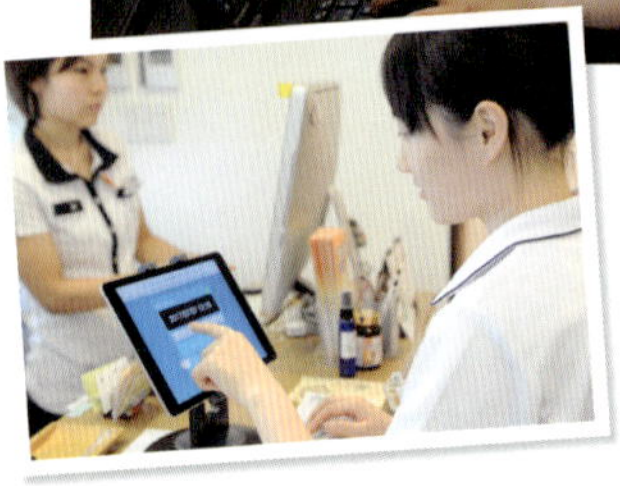
おつかれさまでした！

この整骨院では、パソコンで施術録《せじゅつろく》を作成、管理しています。問診票《もんしんひょう》の内容や患者《かんじゃ》さんの話をもとに情報を入力します。

患者《かんじゃ》さんごとに施術録《せじゅつろく》を作成し、ケガの状態や施術《せじゅつ》内容を記録

病院や診療所《しんりょうじょ》で、患者《かんじゃ》さんの情報や診療《しんりょう》内容を記載《きさい》するカルテと同じように、接骨院・整骨院では施術《せじゅつ》に関する記録を患者《かんじゃ》さんごとの施術録《せじゅつろく》にまとめ、保管しています。

施術録《せじゅつろく》には、患者《かんじゃ》さんが、いつ、どこで、どうして負傷したのか、ケガの部位や症状《しょうじょう》、来院日、施術《せじゅつ》の内容や経過などを記載《きさい》します。医療《いりょう》保険（25ページ）などが適用される場合は、保険の種類や保険証の番号などの情報も必要です。

施術録《せじゅつろく》の記載《きさい》などの事務作業は、業務の合間や患者《かんじゃ》さんが帰ったあとに、各自で行います。平日の受付時間は20時までなので、終業時刻は21時くらいですが、遅い時間に来院する患者《かんじゃ》さんが多かったりすると、多少長引くこともあります。最後の患者《かんじゃ》さんを見送ったら、出退勤を管理する端末《たんまつ》に退勤時間を記録して、本日の業務は終了《しゅうりょう》です。

接骨院・整骨院でも医療《いりょう》保険が使えます

病院などで医療《いりょう》を受けるときとほぼ同じように、費用の1～3割の負担で施術《せじゅつ》を受けられる場合があります

医療《いりょう》保険とは、日ごろから少しずつお金（保険金）を支払《しはら》っておくことで、医療《いりょう》を受ける際の費用が軽減されるシステムです。日本では、すべての人が必ず何らかの医療《いりょう》保険に加入しています。これにより、患者《かんじゃ》さんは病院の窓口などでは実際の医療費《いりょうひ》の1～3割だけを支払えばよく、残りの医療費《いりょうひ》は医療《いりょう》保険から病院に支払《しはら》われるしくみになっています。

同様に、接骨院・整骨院で柔道整復師《じゅうどうせいふくし》の施術《せじゅつ》を受ける際にも、医療《いりょう》保険を利用することができます。ただし、保険が適用されるのは、骨折、脱臼《だっきゅう》、打ち身、ねんざ、肉ばなれの施術《せじゅつ》を受けた場合に限られます。同じ接骨院・整骨院での施術《せじゅつ》でも、単なる肩《かた》こりや筋肉の疲労《ひろう》などに対して行ったものについては、保険の対象にはならないので注意が必要です。

柔道整復師《じゅうどうせいふくし》は、患者《かんじゃ》さんの状態を正しく判断し、医療《いりょう》保険が適用される施術《せじゅつ》を行った場合には、必要な書類をそろえて手続きをします。医療《いりょう》保険は公的な助け合いのしくみですから、適正な手続きを行うことが重要です。

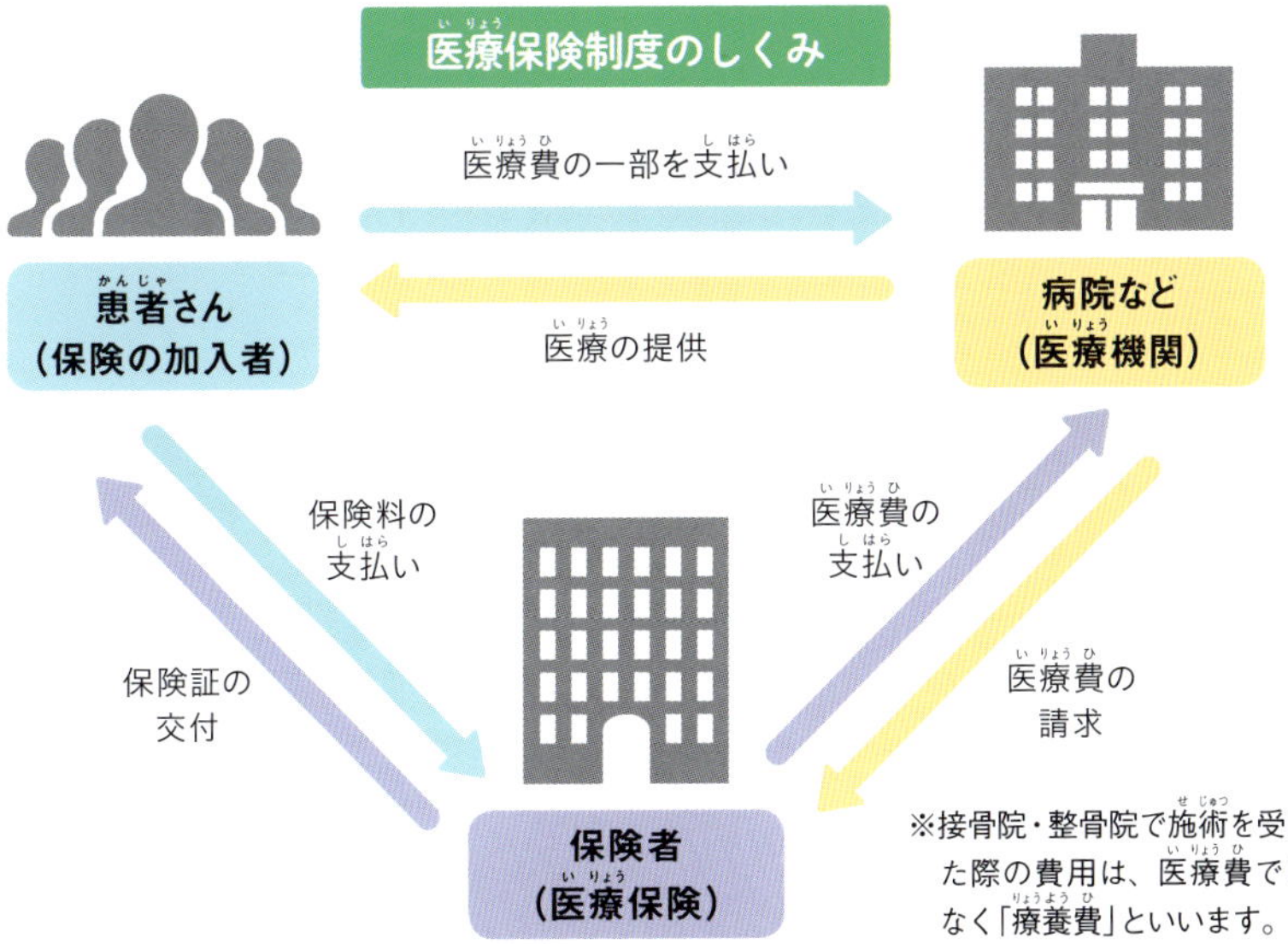

※接骨院・整骨院で施術《せじゅつ》を受けた際の費用は、医療費《いりょうひ》ではなく「療養費《りょうようひ》」といいます。

整形外科《げか》で働く 柔道整復師《じゅうどうせいふくし》の一日

取材に協力してくれた
柔道整復師《じゅうどうせいふくし》さん

川谷《かわたに》 悠也《ゆうや》さん（32歳《さい》）
栗原《くりはら》整形外科《げか》
柔道整復師《じゅうどうせいふくし》

Q どうして柔道整復師《じゅうどうせいふくし》になったのですか？

高校時代サッカー部で、ケガをすると近所の接骨院に行っていました。そこには、ケガだけでなく、気持ちのケアもしてくれるすてきな先生がいたのです。その先生に「将来、うちで働かないか？」という言葉をかけてもらったことが心に残っていて、大学卒業後、柔道整復師《じゅうどうせいふくし》を目指しました。

Q この仕事のおもしろいところは？

自分が治療《ちりょう》したことで、患者《かんじゃ》さんのケガがよくなっていくことがいちばんのやりがいではありますが、そのためには、勉強し続けることが必要です。常に新しい情報を収集し、それを患者《かんじゃ》さんに還元《かんげん》することで、よりよい治療《ちりょう》ができます。そうやって常に、挑戦《ちょうせん》しながら成長できるところも、この仕事のおもしろいところだと思います。

ある一日のスケジュール

8:30	出勤、診療《しんりょう》の準備
8:55	朝礼
9:00	午前の診療《しんりょう》
13:30	昼休み
14:30	午後の診療《しんりょう》
20:00	終業

8:30

出勤、診療《しんりょう》の準備

? 朝いちばん最初にする仕事は何？

きょうも一日がんばるぞ！

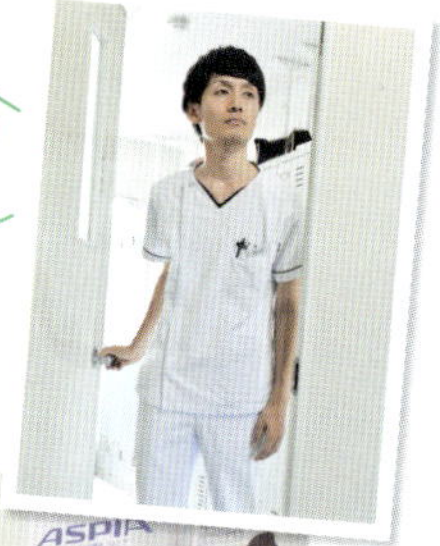

電気治療《ちりょう》に使う機械には、電極を患部《かんぶ》にくっつけるための吸盤《きゅうばん》にスポンジがついています。このスポンジは毎日消毒し、朝の準備時間に機械に装着します。

リハビリ室のセッティングから一日の仕事がスタート

朝は、診療《しんりょう》が始まる30分前に出勤します。更衣室《こういしつ》で白衣に着がえたら、業務開始。まずは診療《しんりょう》の準備を行います。

柔道整復師《じゅうどうせいふくし》は、おもにリハビリ室（32ページ）の準備を担当します。例えば、治療《ちりょう》に使う機械の電源を入れてセッティングしたり、いすを並べたりします。

リハビリ室の準備が終わったら、すでに受付を済ませている患者《かんじゃ》さんのカルテを診察室《しんさつしつ》に運び、準備完了《かんりょう》。時間があれば、気になる患者《かんじゃ》さんがいないか、カルテに目を通したりもします。

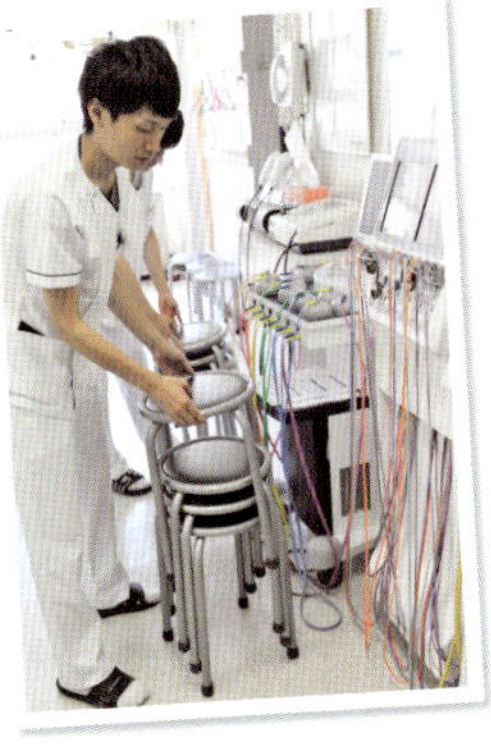

? 整骨院での仕事とは何がちがうの?

8:55 朝礼

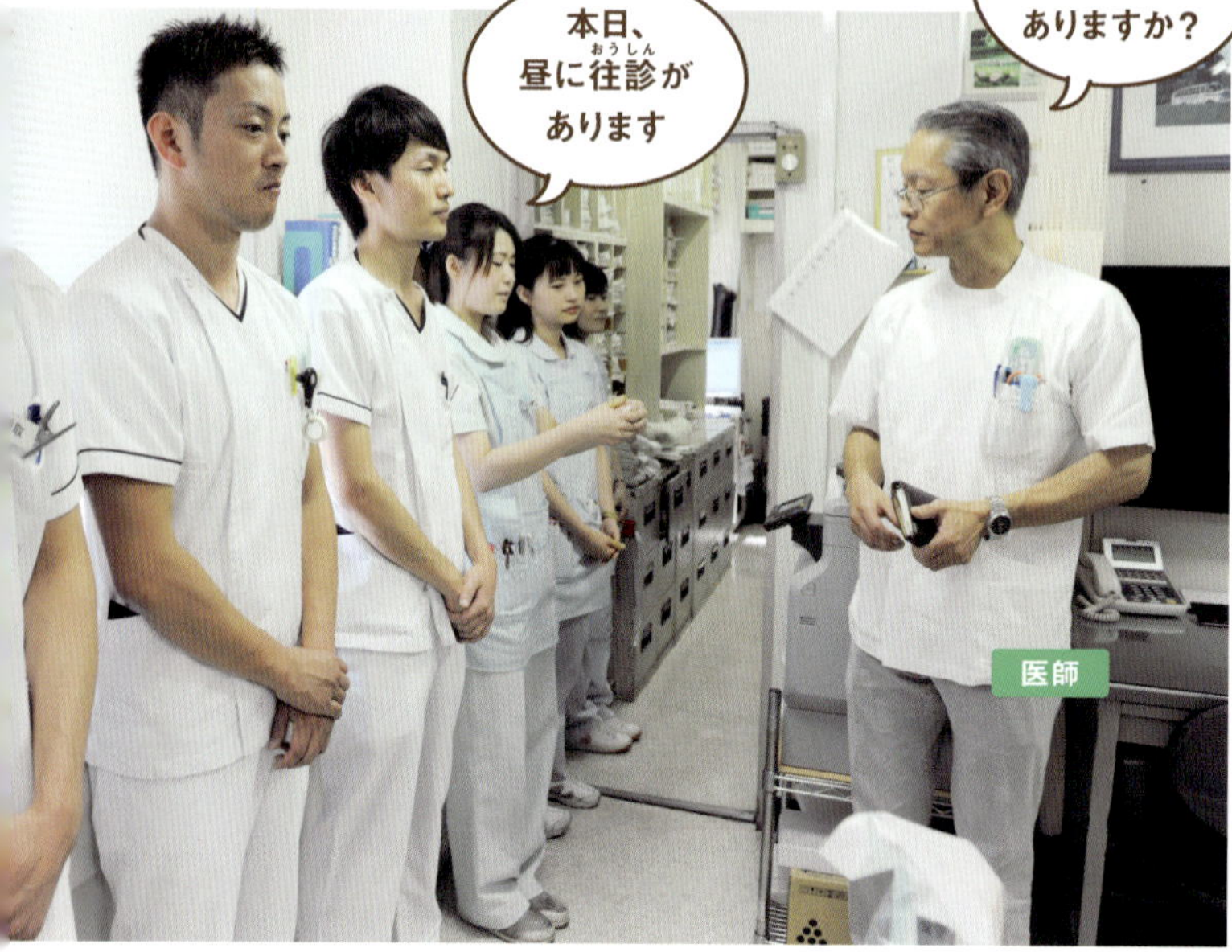
何か
連絡事項《れんらくじこう》は
ありますか?
本日、
昼に往診《おうしん》が
あります
医師

朝礼では、新しい施術法《せじゅつほう》や機械が導入されたとき、患者《かんじゃ》さんから対応すべき要望が出たときなど、全員が頭に入れておく必要のある情報を確認《かくにん》します。

医師の診断《しんだん》のもと、すばやく適切な施術《せじゅつ》が可能

朝の準備が終わったら、柔道整復師《じゅうどうせいふくし》のほか、医師、看護師、診療放射線技師《しんりょうほうしゃせんぎし》、事務職員など、この診療所《しんりょうじょ》で働くスタッフ全員が集まって、朝礼を行います。医師をはじめ、ほかの医療職《いりょうしょく》の人たちと協力して患者《かんじゃ》さんの治療《ちりょう》にあたるところが、病院や診療所《しんりょうじょ》と接骨院・整骨院との大きなちがいです。

特に、医師がいることで、レントゲン検査などをもとに、その場で診断《しんだん》が下せるため、すぐに適切な処置が行えます。医師の同意が必要な骨折や脱臼《だっきゅう》に関しても、柔道整復《じゅうどうせいふく》師《し》の知識や技術を生かした施術《せじゅつ》を直ちに行うことができるのです。

朝礼では、院長である医師がその日の予定や、そのとき注目していることなどについて話をします。また、全員で共有しておくべき情報があれば、柔道整復師《じゅうどうせいふくし》やほかの職種から、報告や連絡《れんらく》をすることもあります。

9:00 午前の診療《しんりょう》

患者《かんじゃ》さんが来たら、まず何をするの？

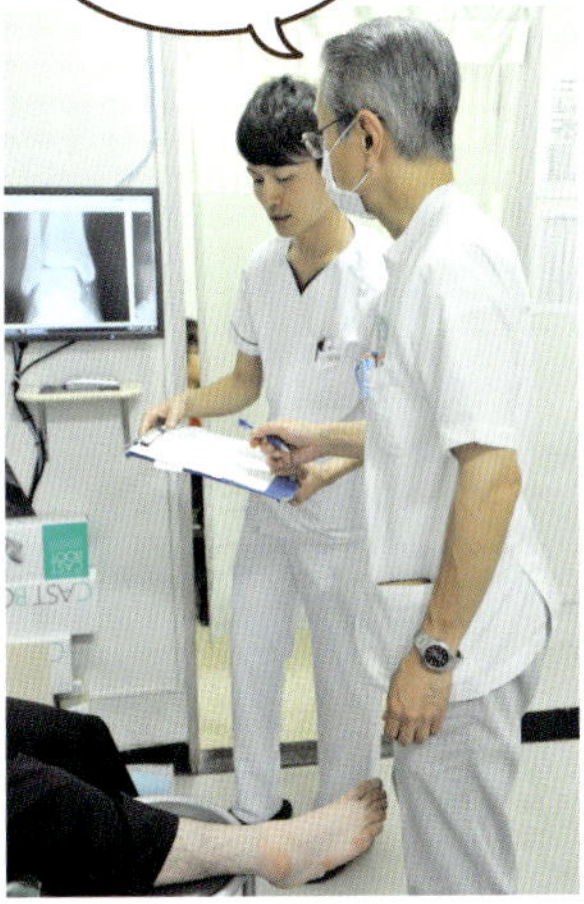
靭帯《じんたい》の損傷と、剥離《はくり》骨折だな

まずは医師が患者《かんじゃ》さんを診察《しんさつ》。診断《しんだん》後《ご》に指示を受けて施術《せじゅつ》します。

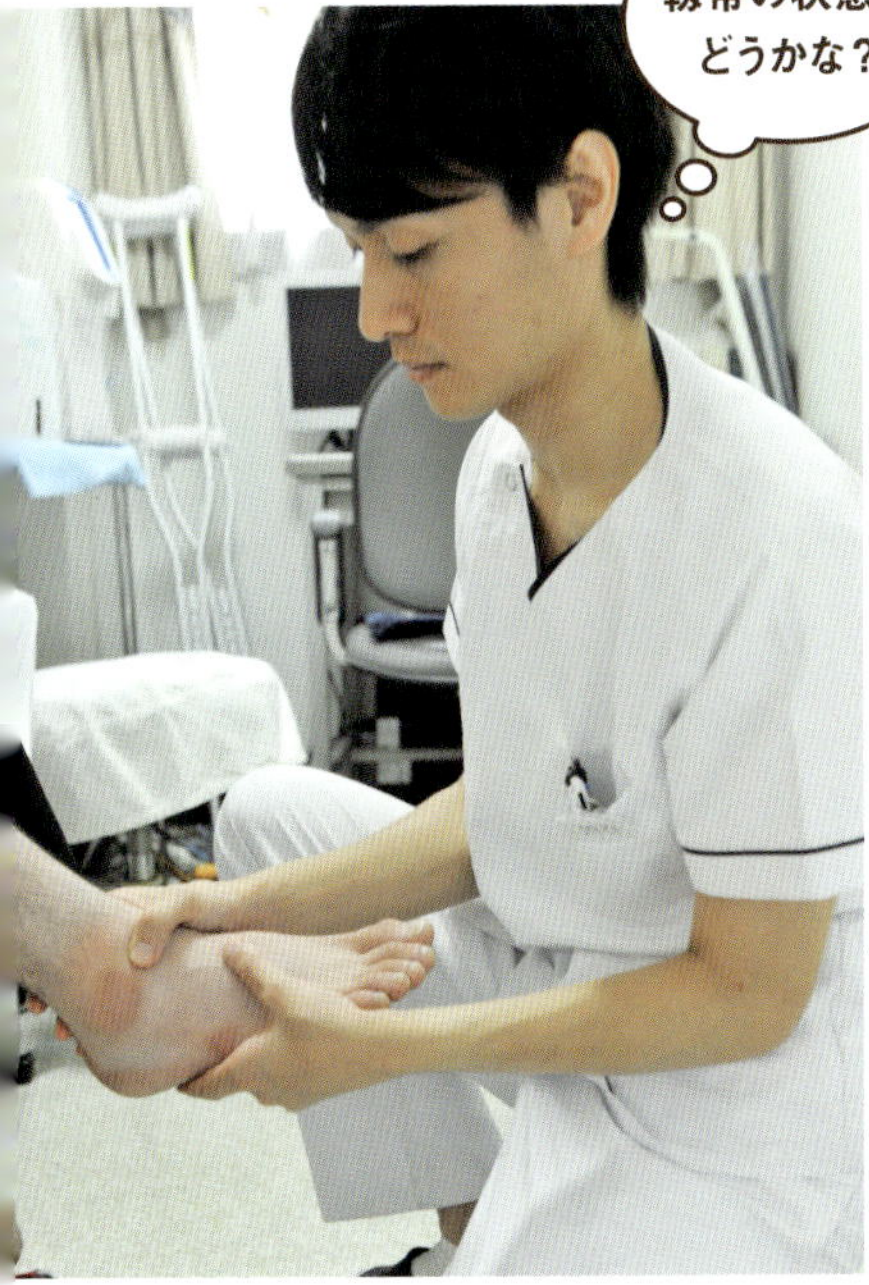
靭帯《じんたい》の状態はどうかな？

まずは患部《かんぶ》をさわり、慎重《しんちょう》に動かしながら、水がたまってないか、痛みはどの程度かなど、ケガの状態を確認《かくにん》します。

医師の診断《しんだん》のあと、ケガの状態を確認《かくにん》し、施術《せじゅつ》

来院した患者《かんじゃ》さんに対しては、まず、医師が診察《しんさつ》を行います。その際、必要ならばレントゲン検査や血液検査を行い、その結果もふまえて、医師がケガや病気の状態を診断《しんだん》。治療《ちりょう》方針を立てます。

そのあと、手術や薬を使った治療《ちりょう》以外については、この診療所《しんりょうじょ》では、医師から指示を受けた柔道整復師《じゅうどうせいふくし》が担当。「整復法」「固定法」「後療法《こうりょうほう》」などの施術《せじゅつ》（18ページ）を行います。例えばねんざの患者《かんじゃ》さんに対しては、患部《かんぶ》に副え木《そぎ》（シーネ）やはり薬をつけて包帯で固定したり、テーピングをしたりします。

どんな施術《せじゅつ》を行う場合も、まず行うのが、患部《かんぶ》を目や手で確認《かくにん》したり、患者《かんじゃ》さんに症《しょう》状《じょう》を聞いたりしてケガの状態をチェックすることです。そこで、固定する期間やリハビリの開始時期などのスケジュールも見定めたうえで、施術《せじゅつ》を行います。

骨折した人にはどんな施術《せじゅつ》をするの？

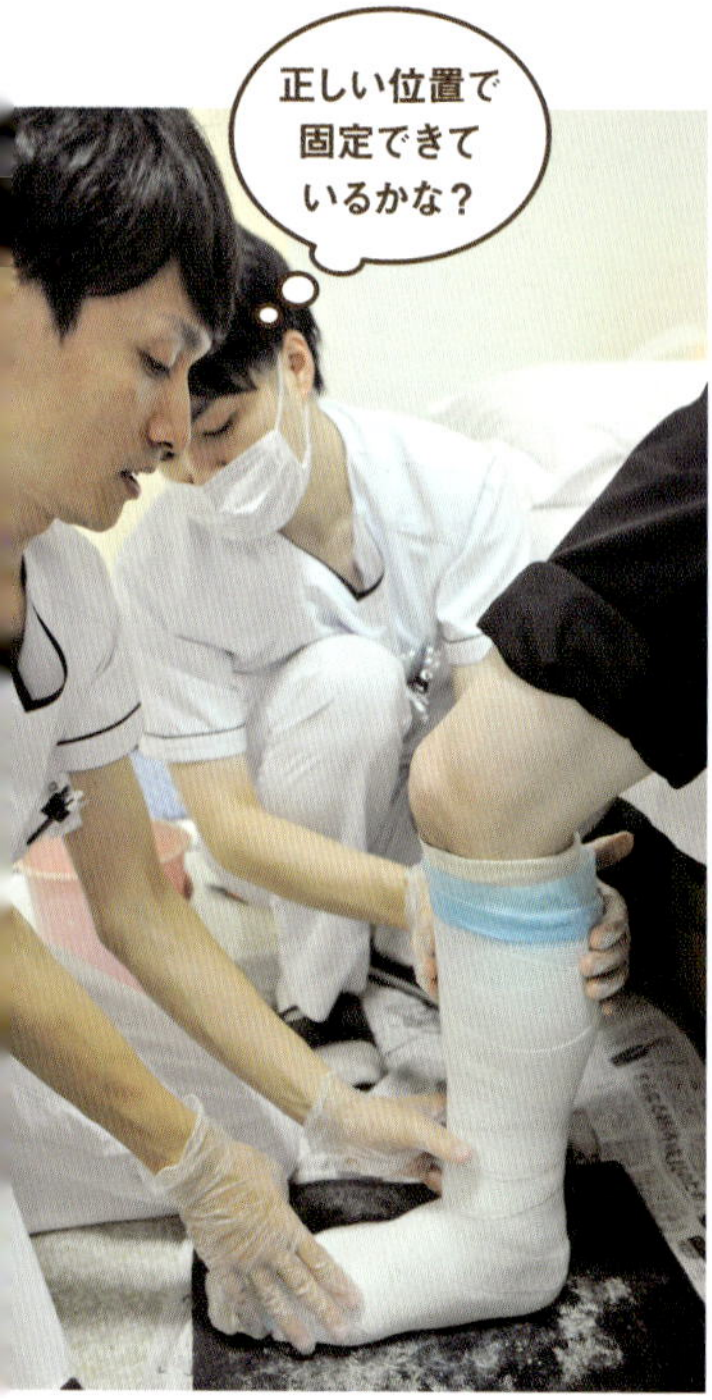
正しい位置で固定できているかな？

ギプス包帯を水でぬらし、かたまる前にすばやく巻きます。正しい位置で固定しつつ、巻く強さや足首の角度を痛みが出ないように調整します。

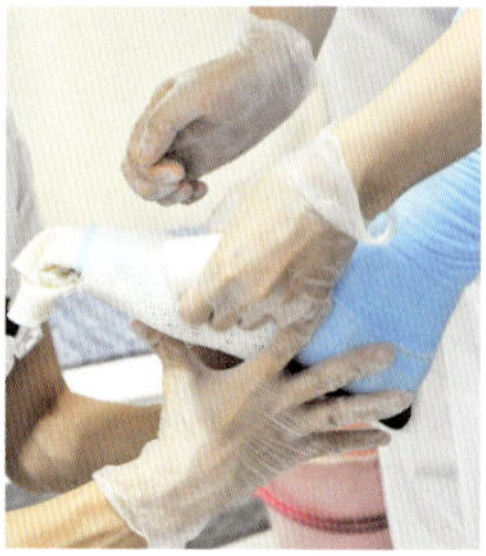

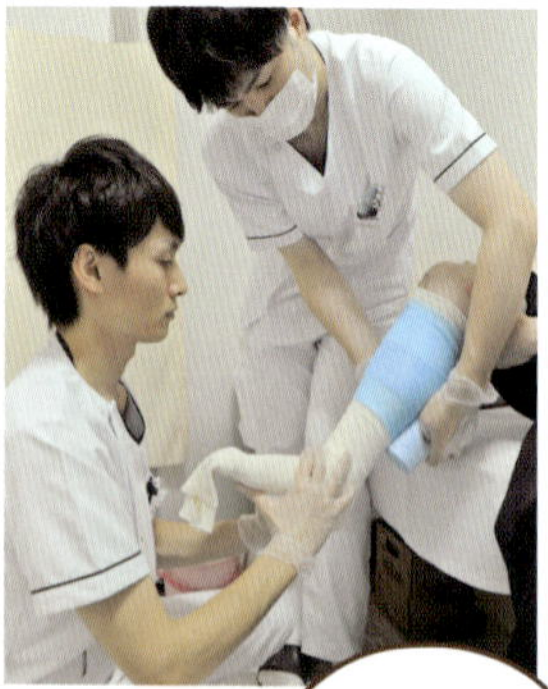

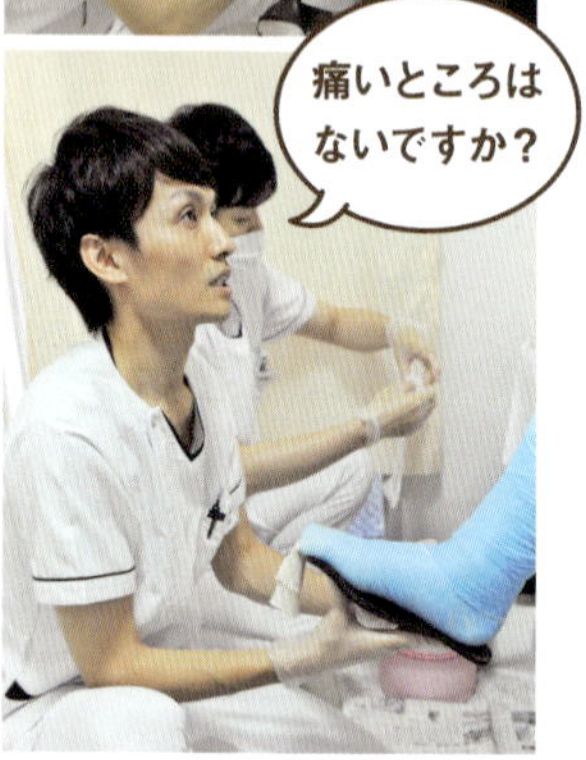
痛いところはないですか？

まずは患部《かんぶ》にサポーターのような筒型《つつがた》の包帯をかぶせ、その上にクッションの役割をする包帯を巻きます（上）。衝撃《しょうげき》をやわらげるために、足の裏には足底板を当てます（下）。

骨を正しい位置にもどして、ギプスなどで固定

骨折した患者《かんじゃ》さんに柔道整復師《じゅうどうせいふくし》が行う施《せ》術《じゅつ》は、ギプスやシーネを使った固定法です。ただし、骨がずれている場合は、まず整復法を行います。患部《かんぶ》を手で圧迫《あっぱく》したり、引っぱったりして、骨をもとの正常な位置にもどすのです。これを柔道整復師《じゅうどうせいふくし》は、手の感覚だけで行います。正しく処置しないと、治ったあとも動かしづらくなったり、痛みが残ったりするため、高度な技術が必要です。

骨を正常な位置にもどしたあとは、ほとんどの場合、ギプスを装着します。ギプスの素材はおもに二つあり、現在、よく使われているのが、合成樹脂《じゅし》をふくんだギプス包帯です。もう一つは石膏《せっこう》という鉱物《こうぶつ》の粉末を付着させた包帯です。どちらも、水につけるとかたまる性質がありますが、石膏《せっこう》のほうが、自由自在に形がつくれるという特長があり、骨折の状態に合わせて使い分けています。

つま先のギプスを切りとり、足指が動くようにします。ギプスで固定すると、その部分の筋肉がおとろえ、関節がかたまってしまうので、不必要な固定を避《さ》けてそれを防ぎます。

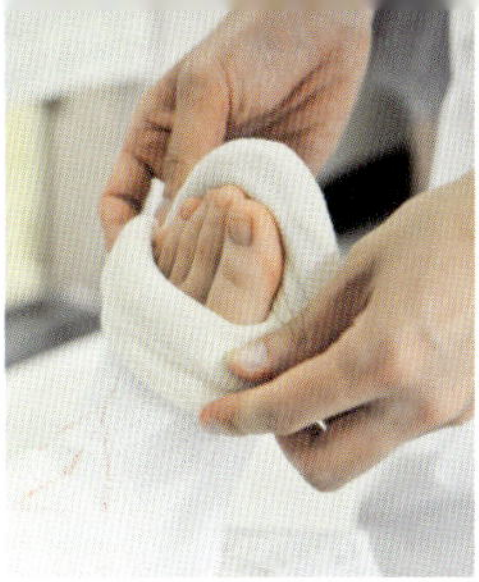

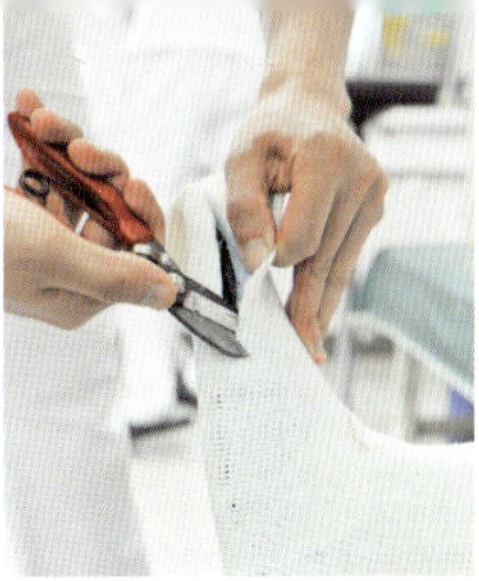

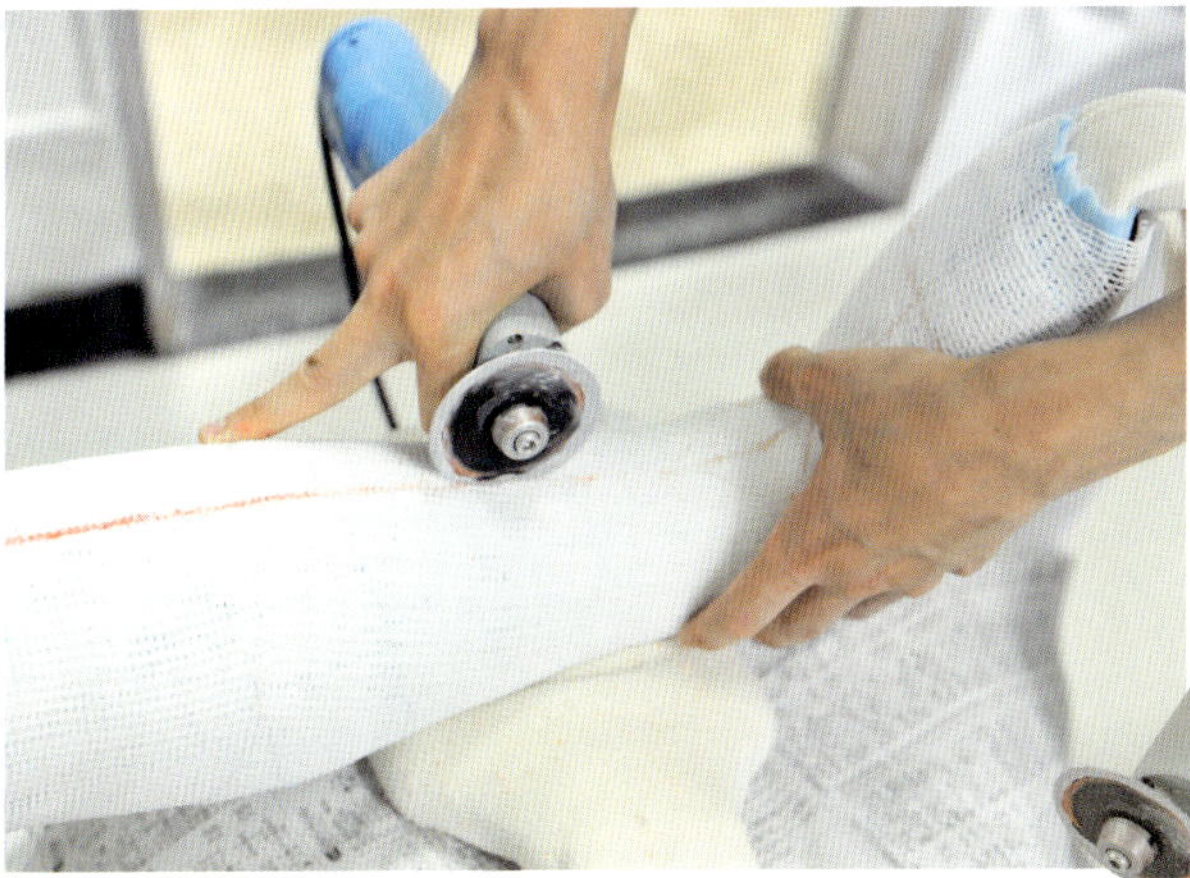

骨折の初期は、ギプスカッターで、すねと足首、足の甲《こう》に切れ目を入れます。患部《かんぶ》がはれたとき、足が圧迫《あっぱく》されすぎないようにするためです。

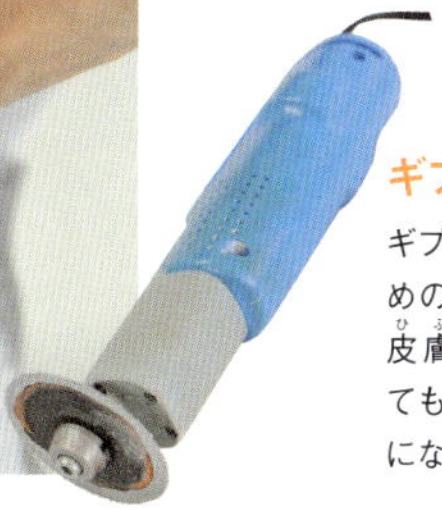

ギプスカッター

ギプスを切断するための電動カッター。皮膚《ひふ》には、当たっても切れないしくみになっています。

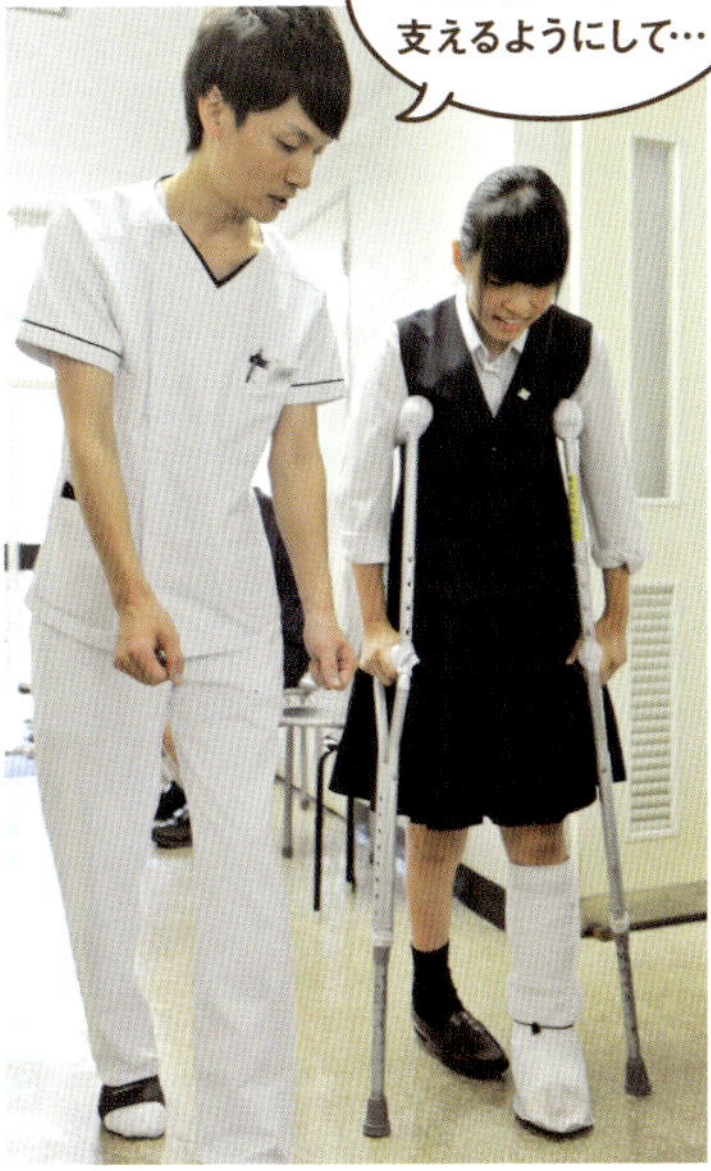
ケガをしている
足と杖《つえ》の3点で
支えるようにして…

骨折などで松葉杖《まつばづえ》が必要な患者《かんじゃ》さんには、その使い方も指導します。

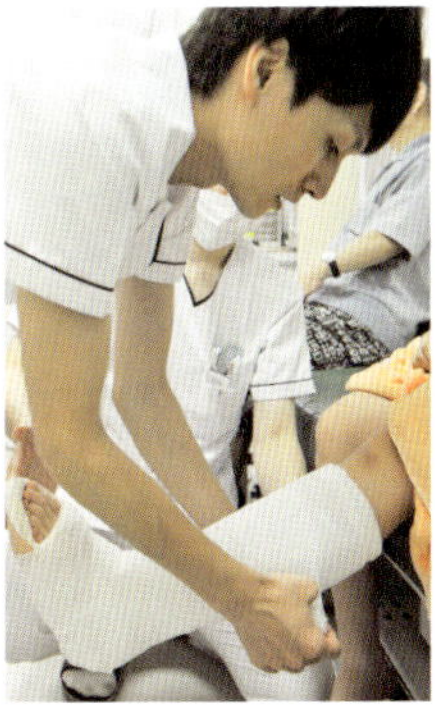

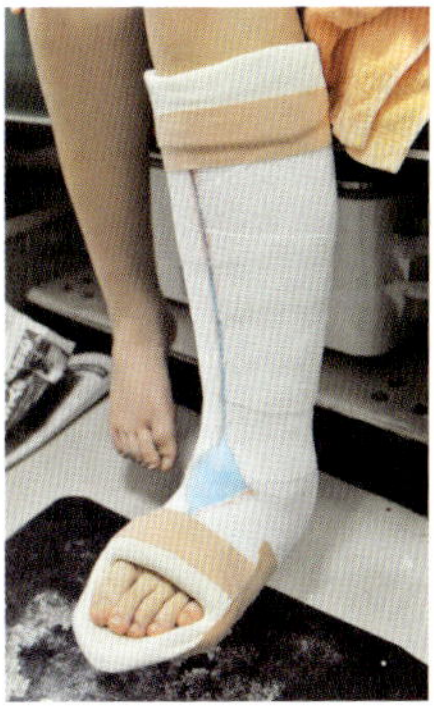

ギプスを整えたら、上から包帯を巻きます。足にビニールカバーをかぶせて完了《かんりょう》です。

午後の診療《しんりょう》

?
リハビリって、どんなことをするの？

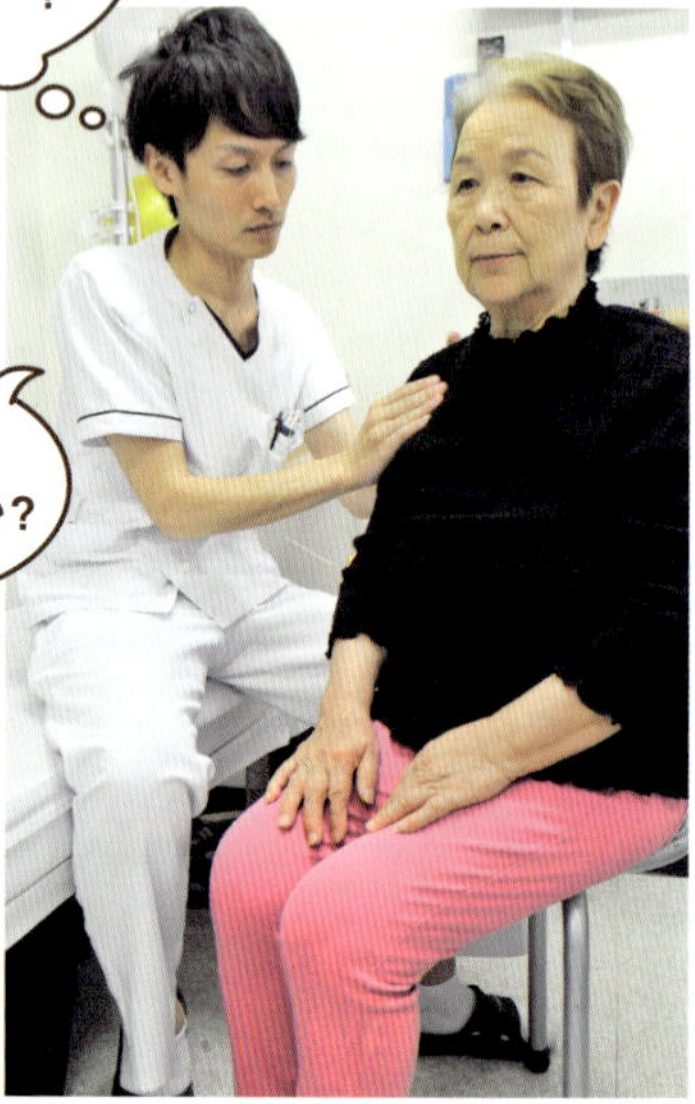
どのくらい回復しているかな…？
ここは痛みますか？

患部《かんぶ》に関係する場所を押《お》したり、動かしたりして、痛みや動き方を確認《かくにん》します。

手技や機械、運動による治療《ちりょう》で ケガからの回復を助けます

整形外科《げか》で働く柔道整復師《じゅうどうせいふくし》は、リハビリ（リハビリテーション）を担当することもあります。リハビリとは、ケガや病気で起こる体の機能低下や痛みを予防・改善して、できるだけもとの状態にもどす治療《ちりょう》のこと。柔道《じゅうどう》整復師《せいふくし》による後療法《こうりょうほう》（18ページ）も、リハビリの一環《いっかん》として行われます。

この診療所《しんりょうじょ》のリハビリ室では、まず柔道整《じゅうどうせい》復師《ふくし》が患部《かんぶ》をさわったり、患者《かんじゃ》さんに質問したりしてケガの状態を確認《かくにん》。そのあと、状態に合わせて、手技療法《りょうほう》や物理療法《りょうほう》、運動療法《りょうほう》（34ページ）を行います。物理療法《りょうほう》としておもに行われるのは電気治療《ちりょう》と牽引治療《けんいんちりょう》です。電気治療《ちりょう》では患部《かんぶ》に電流を流し、痛みをとったり、筋力をアップさせたりします。一方、牽引治療《けんいんちりょう》とは、機械を使って首や腰《こし》などの筋肉や靭帯《じんたい》をストレッチする治療《ちりょう》で、痛みをやわらげる効果が期待できます。

? リハビリのとき気をつけていることは何?

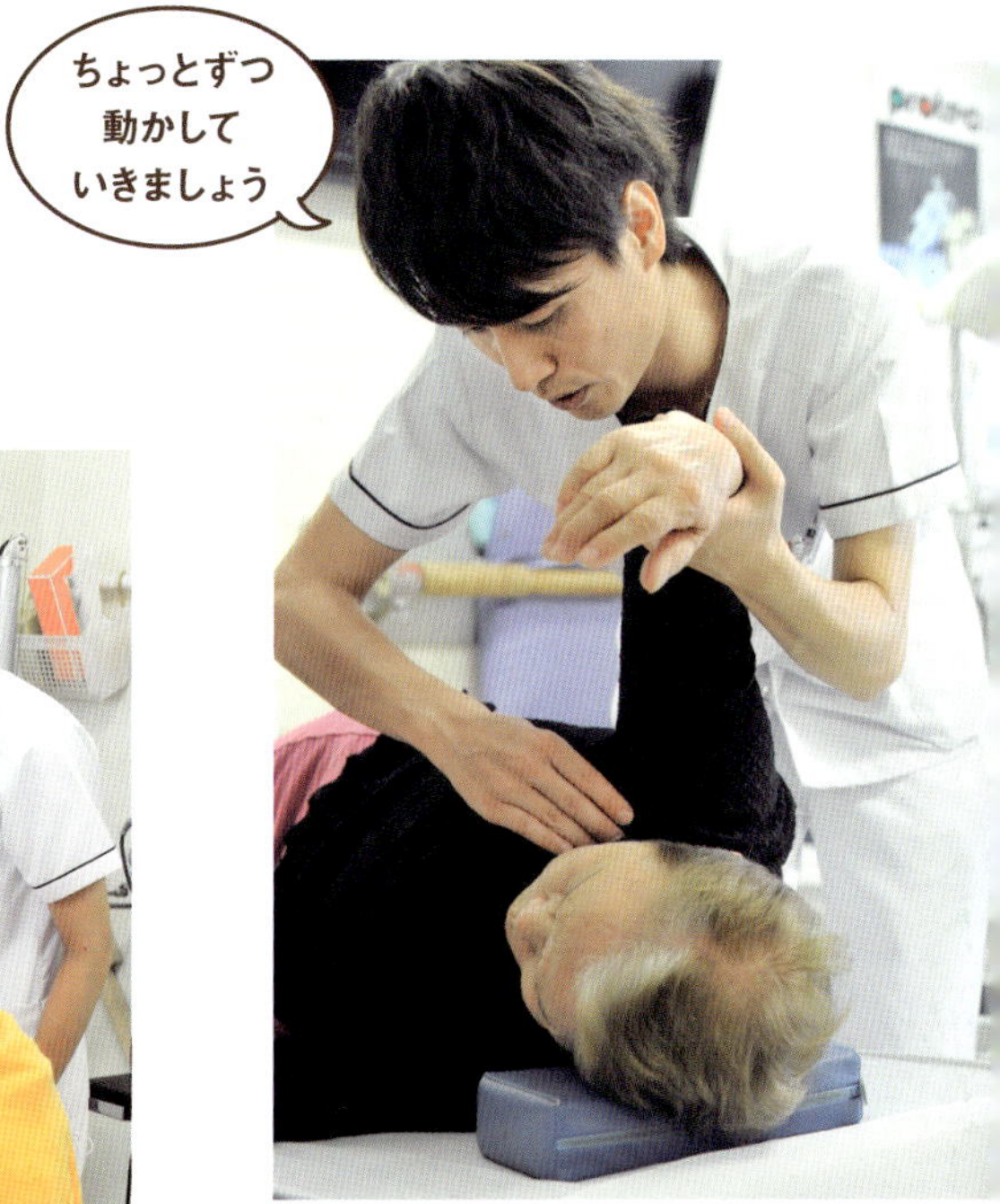
ちょっとずつ動かしていきましょう

鎖骨《さこつ》を骨折した患者《かんじゃ》さんには、肩《かた》の周りや背中をもみほぐしたり、腕《うで》を上げたり回したりして、リハビリを行います。

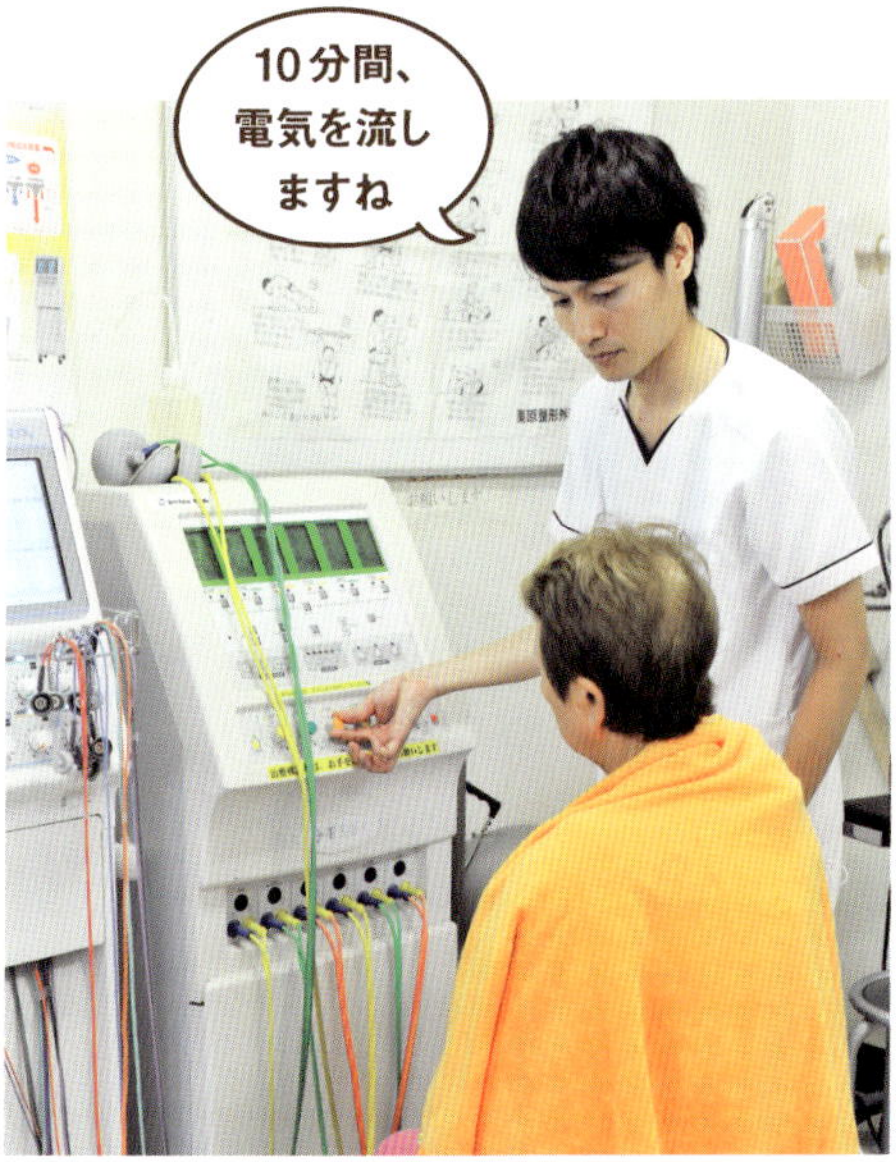
10分間、電気を流しますね

電気治療《ちりょう》を行うときは、患部《かんぶ》にパッドを装着して、患者《かんじゃ》さんに痛みがないか確認《かくにん》しながら、電気の強さを調整します。

「やってはいけないこと」を理解し正しいタイミングと方法を選択《せんたく》

リハビリは、さまざまな方法で体に刺激《しげき》を与《あた》えて、機能を回復するための治療《ちりょう》です。けれども、タイミングや方法をまちがえれば、逆にケガを悪化させたり、体に悪い影響《えいきょう》が残ってしまったりする危険もあります。そのようなことのないよう、柔道整復師《じゅうどうせいふくし》は、ケガをしている場所、そのケガの程度、ケガをしてからの期間などによって、やってよいことと、やってはいけないことを理解したうえで、リハビリにあたっています。そして、医師に確認《かくにん》しながら、それぞれの患者《かんじゃ》さんの回復のスピードや年齢《ねんれい》、体力などに合わせた施術《せじゅつ》を行います。

例えば手技療法《りょうほう》では、「ここまで動かしてもだいじょうぶですか?」「痛かったら言ってくださいね」などと、その都度《つど》、患者《かんじゃ》さんに確認《かくにん》。少しずつ慎重《しんちょう》に、体を動かす範囲《はんい》を広げたり、押《お》す力を強くしたりします。

運動療法《りょうほう》ってどんなことをするの？

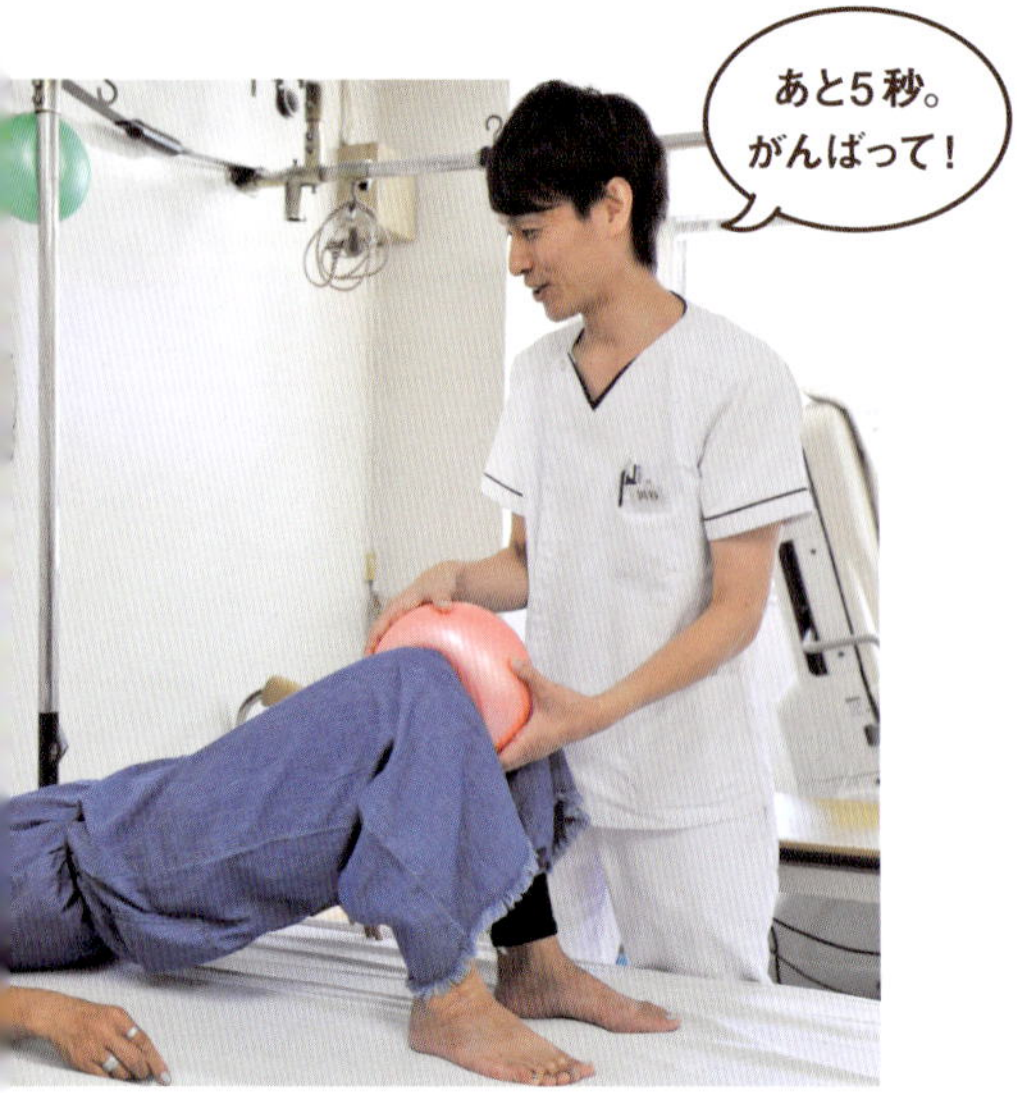
あと5秒。がんばって！

ひざの靭帯《じんたい》を損傷した患者《かんじゃ》さんのリハビリ。あお向けになり、ひざにボールをはさんだ状態で、おしりを上げ、上半身を支える筋肉をきたえます。

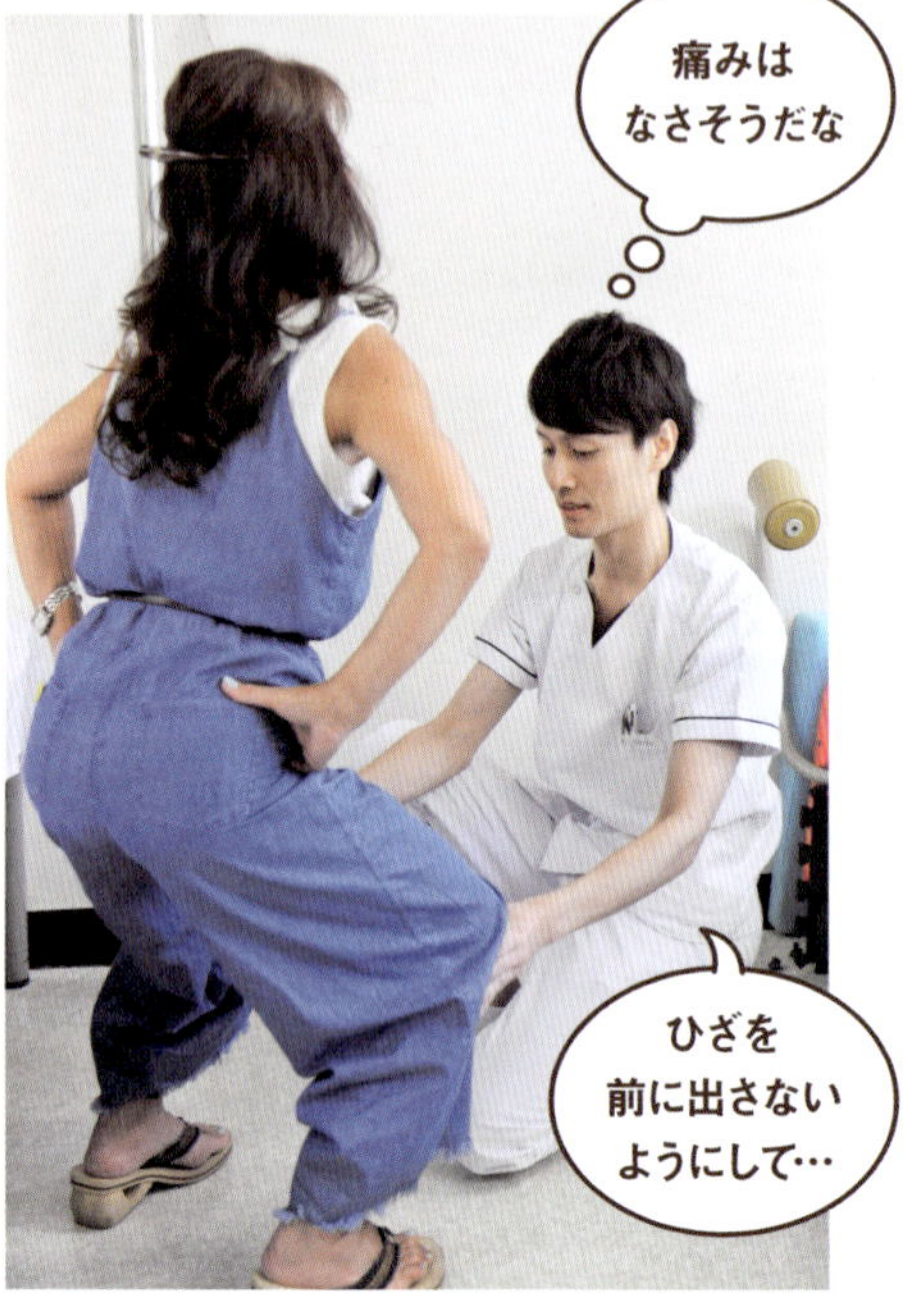
痛みはなさそうだな
ひざを前に出さないようにして…

太ももの筋肉をきたえるスクワット運動。正しいひざの位置や角度、姿勢などを指導します。

効果的なトレーニングを指導し、体の動きや痛みを改善

運動療法《りょうほう》は、その名の通り運動による治《ち》療法《りょうほう》です。体を動かして筋力をアップさせたり、関節の動く範囲《はんい》を広げたりして、ケガをした部分の機能を回復させるとともに、痛みをやわらげます。例えば、ボールやチューブを使った筋力トレーニングやスクワット運動、柔軟《じゅうなん》体操などを行ってもらいます。柔道《じゅうどう》整復師《せいふくし》は、患者《かんじゃ》さんの状態に合わせた運動の種類を選び、運動の回数や時間など、強度を調節。「おしりを下げるように足を曲げて」「背筋はのばしたままで」など、効果的な運動ができるよう、指導を行います。

また、自宅で行うとよい運動療法《りょうほう》の提案もします。そのときは、やり方と同時に、いつ、どの程度行うとよいかも指導。運動の仕方によっては、かえって症状《しょうじょう》を悪化させてしまうこともあるので、やりすぎは禁物であることもきちんと説明します。

COLUMN

医師と連携《れんけい》して適切に施術《せじゅつ》

骨折や脱臼《だっきゅう》に対する継続的《けいぞくてき》な施術《せじゅつ》には、医師の同意が必要。それ以外でも、医師との連携《れんけい》が大切です。

柔道整復師《じゅうどうせいふくし》があつかうことのできるケガは、骨、関節（骨と骨の連結部分）、筋肉、腱《けん》（骨と筋肉をつなぐ組織）、靱帯《じんたい》（骨と骨をつなぐ組織）などの部位に生じたものとされています。ケガの内容としては、骨折、脱臼《だっきゅう》、打ち身、ねんざ、肉ばなれなど、事故や転倒《てんとう》などで外からの力が加わることで起こったものです。そのなかでも、骨折と脱臼《だっきゅう》については、応急処置以外の継続的《けいぞくてき》な施術《せじゅつ》を行うためには、医師の同意を得なければならないと法律で定められています。

骨折や脱臼《だっきゅう》の場合以外でも、医師との連携《れんけい》は大切です。柔道整復師《じゅうどうせいふくし》は、患者《かんじゃ》さんの症状《しょうじょう》が自分があつかってよい範囲《はんい》のものかどうかを判断し、場合によっては医師の診察《しんさつ》を受けるよう患者《かんじゃ》さんにすすめる必要があります。例えば、腰痛《ようつう》をうったえて柔道整復師《じゅうどうせいふくし》のもとを訪《おとず》れた患者《かんじゃ》さんが、じつは内臓の病気をかかえていて、それが原因で腰《こし》に痛みが出ていたというようなケースもあるからです。また、ケガの状態によっては、医師によるレントゲン検査などが必要な場合もあります。医師がいない接骨院などでは、より慎重《しんちょう》に患者《かんじゃ》さんの状態を見きわめ、医療施設《いりょうしせつ》との連携《れんけい》をはかることが求められます。

医師が患者《かんじゃ》さんの状態を診《み》て、リハビリのために、柔道整復師《じゅうどうせいふくし》に後療法《こうりょうほう》の施術《せじゅつ》を依頼《いらい》するという連携《れんけい》の仕方もあります。

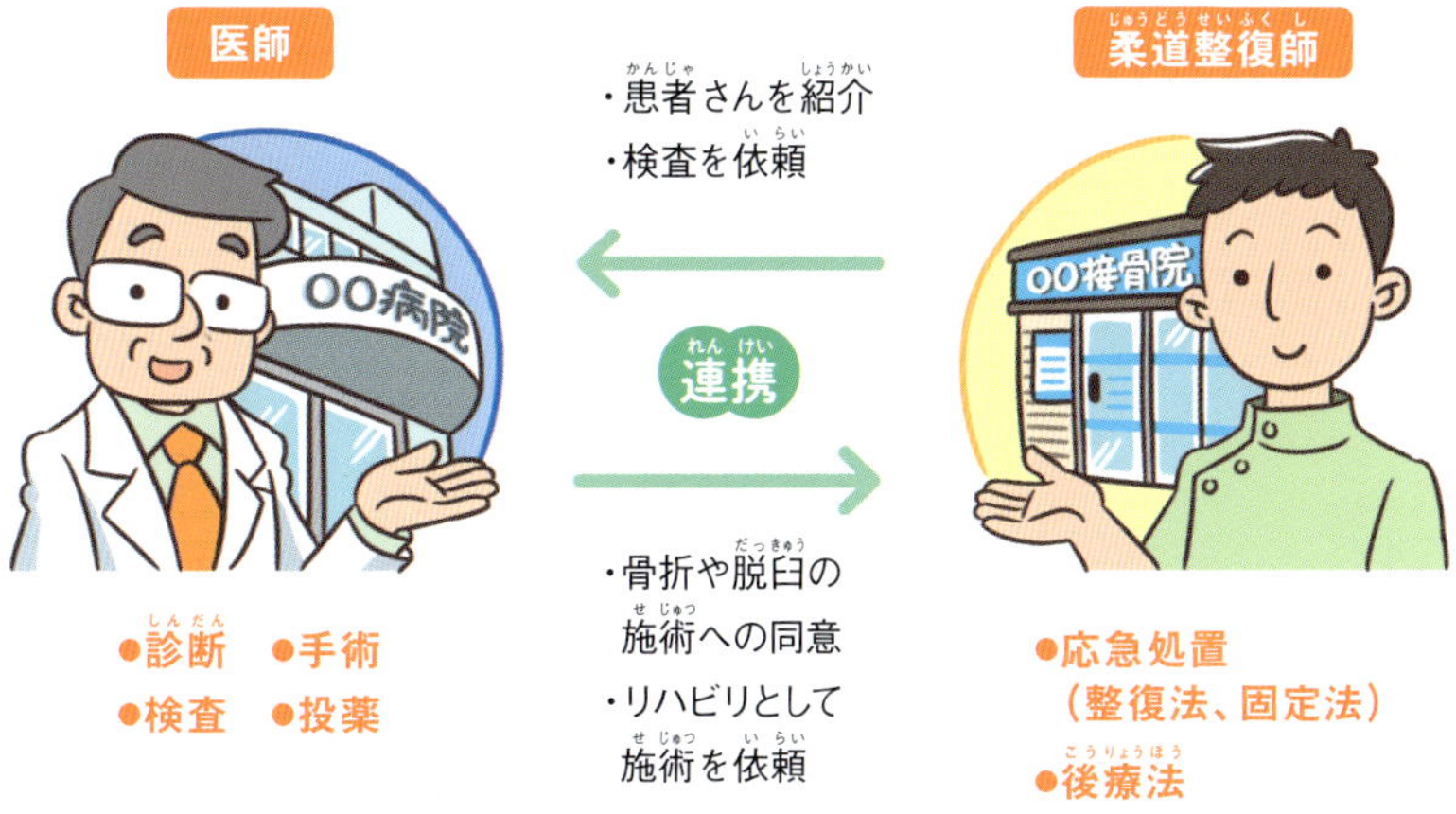

20:00 終業

? 患者《かんじゃ》さんが帰ったあとは何をするの?

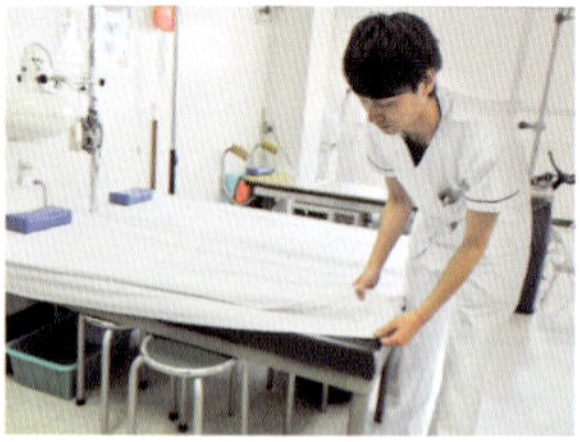

リハビリ室のベッドのシーツは毎日とりかえます。

この患者《かんじゃ》さんの今後の経過が気になるな…

患者《かんじゃ》さんのデータは、治療《ちりょう》効果の確認《かくにん》だけでなく、同じケガや症状《しょうじょう》の患者《かんじゃ》さんが来院したときにも役立ちます。

おつかれさまでした!

診療後《しんりょうご》は、リハビリ室の掃除《そうじ》や患者《かんじゃ》さんの記録の整理

診療《しんりょう》が終わって、すべての患者《かんじゃ》さんが帰ったあとは、片づけや事務作業を行います。例えば、リハビリ室に掃除機《そうじき》をかけ、ベッドのシーツをとりかえたり、電気治療器《ちりょうき》のパッドについているスポンジをとって消毒したりします。

また、患者《かんじゃ》さんの記録を整理するのも、この時間。患部《かんぶ》の状態や関節の可動域などを撮影《さつえい》した写真をパソコンに保存し、患者《かんじゃ》さんごとにファイリングしておきます。さらに、気になる患者《かんじゃ》さんのデータは、あとで見直せるように、ファイルナンバーを自分のノートにメモしておきます。

そのほかにも、その日に担当した患者《かんじゃ》さんについて気になったことがあればノートに書きとめておいたり、資料を調べたりします。すべての仕事が終わったら、私服に着がえて帰宅します。

COLUMN

勉強会やカンファレンスを定期的に実施《じっし》

患者《かんじゃ》さんによりよい医療《いりょう》を提供するため、
新しい知識を学び続け、柔道整復師《じゅうどうせいふくし》としてレベルアップ。

医学や医療《いりょう》技術は、常に進歩を続けています。そのなかで柔道整復師《じゅうどうせいふくし》として患者《かんじゃ》さんにとって最適な治療《ちりょう》を行うためには、新しい知識や技術を学び続けなければいけません。

この診療所《しんりょうじょ》では、週1回、朝8時から柔道整復師《じゅうどうせいふくし》全員で勉強会を開催《かいさい》しています。そのうち月1回は、患者《かんじゃ》さんの症例《しょうれい》をもとに、医師も参加してカンファレンスを開催《かいさい》。カンファレンスとは、みんなで意見を出し合い、最適な治療法《ちりょうほう》を検討する会議のことです。

そのほかの週は、各自がそのとき注目している病気やケガ、治療法《ちりょうほう》などのテーマで、一人ずつ発表します。事前の資料づくりもそれぞれが担当。こうした機会を通して、医療《いりょう》に関する新しい情報を収集していくのです。

さらに、この診療所《しんりょうじょ》の柔道整復師《じゅうどうせいふくし》は、毎年1回の日本柔道整復《じゅうどうせいふく》接骨医学会の学術大会で発表を行うことを目標としています。それぞれが題材を決めて、発表用のスライドや原稿《げんこう》をつくることも、知識や技術のレベルアップに役立っています。

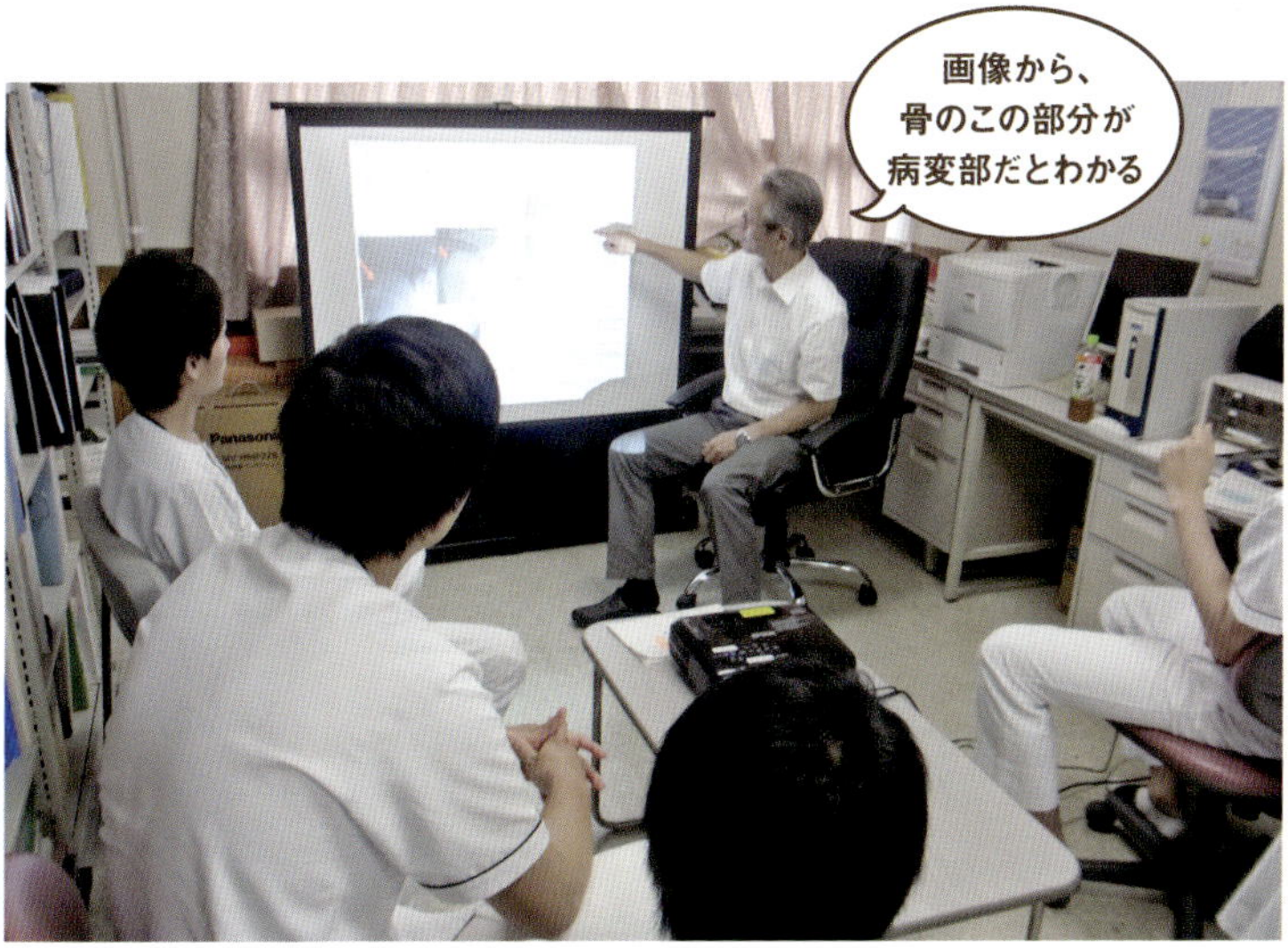

カンファレンスでは、医師を中心に、レントゲン検査の画像の見方を検討したり、今後の治療《ちりょう》方針について話し合ったりします。

INTERVIEW 1

介護施設《かいごしせつ》で働く柔道整復師《じゅうどうせいふくし》

河又《かわまた》 汐里《しおり》さん
学校法人小倉学園附属《ふぞく》
GENKI NEXT《ゲンキネクスト》 介護《かいご》センター
柔道整復師《じゅうどうせいふくし》

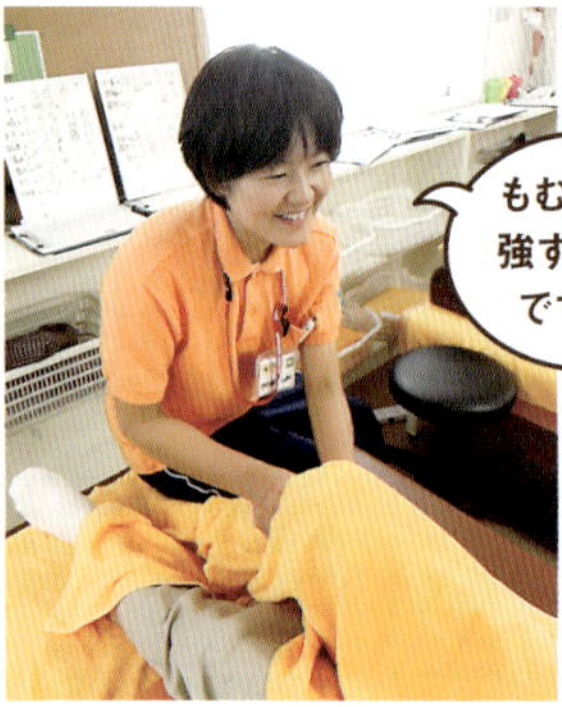
もむ強さは
強すぎない
ですか？

足をもみほぐすことで、血流をうながし、筋肉をやわらかくして、動かしやすい状態にします。

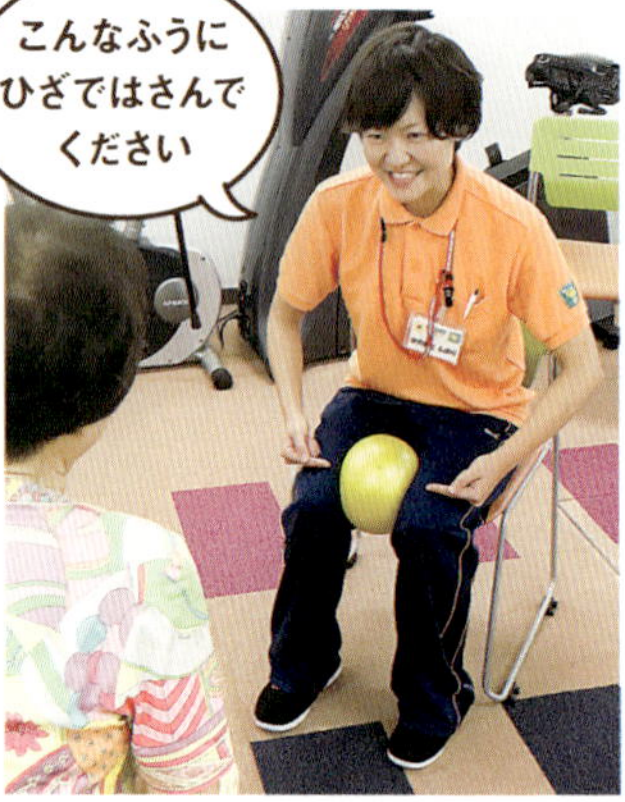
こんなふうに
ひざではさんで
ください

ボールを使った下半身の筋力トレーニング。やり方を示しながら指導します。

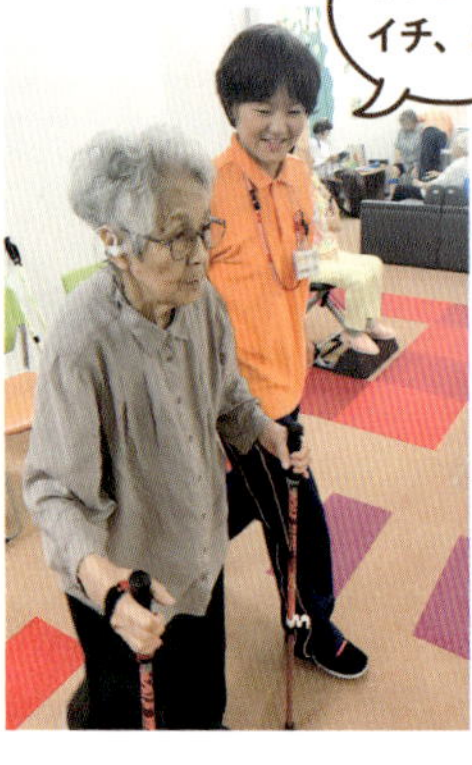
イチ、ニ！
イチ、ニ！

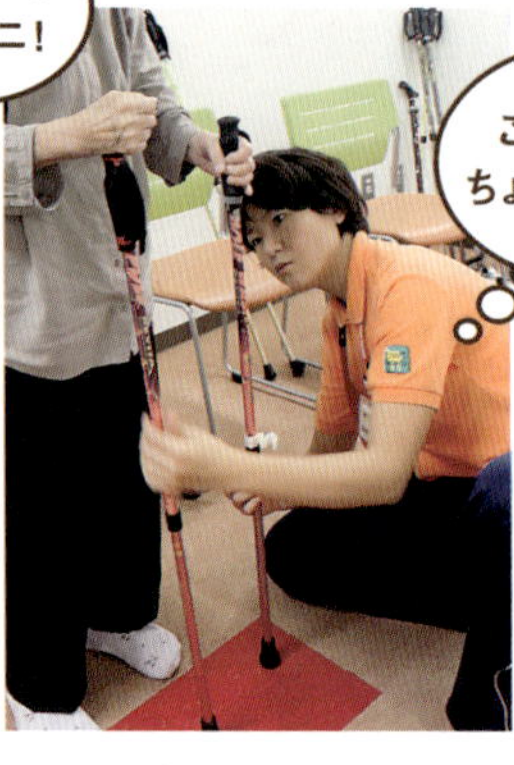
この長さで
ちょうどいいな

ポールを使い、リズムを刻みながらの歩行訓練。ポールの高さは利用者さんの体に合わせて調節します。

Q1 どんな仕事をしているのですか？

デイサービス*の事業所で、機能訓練指導員（67ページ）として運動指導をしています。要介護認定《ようかいごにんてい》*を受けた利用者さんの身体機能の維持《いじ》・向上を目指し、寝《ね》たきりを防止するために、筋肉をほぐして体を動かしやすくする「整体」、運動を通して体力づくりや筋力の維持《いじ》・向上をはかり、日常生活動作を改善する「機能訓練」、転倒《てんとう》予防を目指して行う「歩行訓練」を実施《じっし》します。また、利用者さんの家族やケアマネジャーと会議を開き、体の状態や施設《しせつ》でのようす、それをふまえたうえでの今後の運動計画作成などにたずさわっています。

Q2 おもしろいところややりがいは？

やりがいを感じるのは、運動指導を行うなかで利用者さんの歩行能力が向上したときです。車いすを使っていた人が歩けるようになったり、「指導のおかげで楽に歩けるようになった」と言ってもらえたりすると、心からうれしく思います。また、利用者さんは人生の大先輩《だいせんぱい》ばかりなので、さまざまな経験談を聞くことができるのもおもしろいところです。サポートする立場にあるはずが、いつの間にか逆にはげまされ、支えられていることも多く、利用者さんのためにもっと努力し成長しなくてはと感じます。

Q3 なぜこの仕事に就《つ》いたのですか？

幼いころから体を動かすことが好きで、将来は身体に関することを仕事にしたいと思い、体育大学に進学。勉強するうちに、社会福祉《ふくし》に興味をもち、高齢《こうれい》者《しゃ》、障がい者を支えたいとも思うようになりました。柔道整復師《じゅうどうせいふくし》を目指したのは、身体に関する専門職であるとともに、介護《かいご》分野でもいかせる資格だからです。私の生まれた地域は日本で最も高齢者《こうれいしゃ》の割合が高く、町でも高齢者《こうれいしゃ》を対象とした健康体操教室が多く開催《かいさい》されています。私もこの人たちの力になりたい、自分にしかできないアドバイスや指導がしたいと思い、この仕事を選びました。

デイサービス

介護《かいご》が必要な人に対して、食事や入浴、そのほか必要な日常生活上の支援《しえん》や、生活機能訓練などを日帰りで提供するサービス。

要介護認定《ようかいごにんてい》

介護《かいご》サービスの利用を希望する人が申請《しんせい》して受ける認定《にんてい》。介護《かいご》が必要な状態であるかどうか、その程度がどのくらいかを定めるもので、訪問による聞きとり調査や医師の意見書などの内容をふまえて、7つの区分にふりわけられる。

インタビュー編
いろいろな場所で働く
柔道整復師《じゅうどうせいふくし》さん

INTERVIEW 2

スポーツ分野で働く柔道整復師《じゅうどうせいふくし》

朴《ぼく》 昌彦《まさひこ》さん

ネクサススポーツ接骨院 院長
柔道整復師《じゅうどうせいふくし》

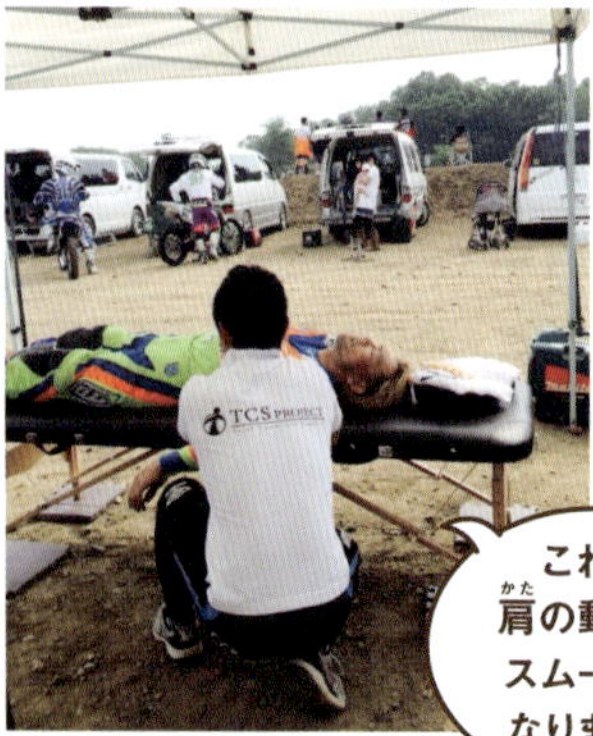
これで肩《かた》の動きがスムーズになりますよ

モトクロスというオートバイ競技の大会にトレーナーとして同行。バイクでジャンプするなど、動きの激しい競技のため、ケガへの対応は必《ひっ》須《す》です。

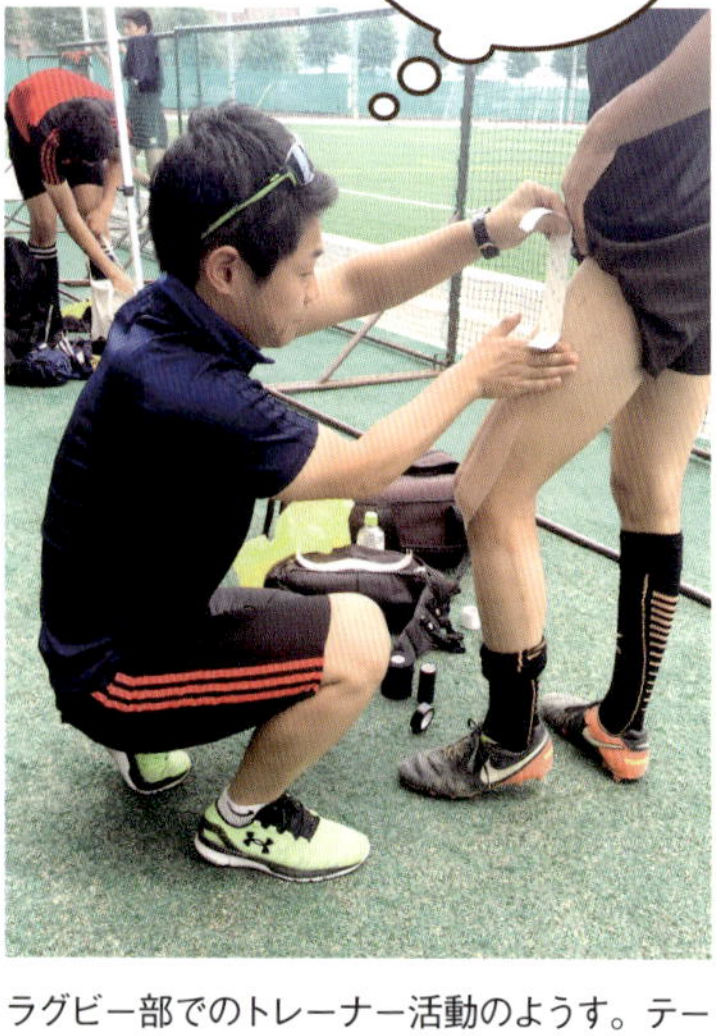
肉ばなれの予防に最適なテーピングは…

ラグビー部でのトレーナー活動のようす。テーピングは、その場で発生したケガに対する処置としてだけでなく、過去にケガをした部分の保護や補強のために行うこともあります。

痛かったら教えてくださいね

接骨院での施《せ》術《じゅつ》。ただもみほぐすのではなく、一つひとつの筋肉をしっかりととらえて動かすことが重要です。

Q1 どんな仕事をしているのですか？

接骨院での施術《せじゅつ》とスポーツトレーナー、両方の仕事をしています。平日は、接骨院でケガや痛みに対する施術《せじゅつ》を行っています。特にスポーツによる障がいを得意としており、手技療法《りょうほう》、運動療《りょう》法《ほう》、姿勢の分析《ぶんせき》や調整など、一人ひとりの症状《しょうじょう》に合わせた施術《せじゅつ》によって、根本的な改善を目指します。フィットネスジムといっしょに営業しているので、スポーツをしている人を診《み》る機会が多いです。日曜日は、高校のラグビー部の専属トレーナーとして試合などに同行し、ケガの処置やトレーニング指導などを行っています。

Q2 おもしろいところややりがいは？

私は人の体を治したいと思って柔道整《じゅうどうせい》復師《ふくし》になったので、接骨院でさまざまな痛みやケガに対する施術《せじゅつ》を行い、痛みが出るのをやわらげたり、体の動きをよくしたりしていくこと自体が非常におもしろく、日々やりがいを感じています。また、実際にスポーツの現場で、ケガの処置だけでなくトレーニング指導なども行っているので、選手たちが成長していく姿を見られることが、大きなやりがいです。選手たちのケガの予防や回復はもちろん、競技力の向上にも貢献《こうけん》できる存在でありたいと思います。

Q3 なぜこの仕事に就《つ》いたのですか？

幼いころから体を動かすことが大好きで、小学生のころはサッカー、中学・高校のころはバレーボールをやっていました。スポーツに打ちこんでいたため、ケガをすることも多く、そのたびに自宅の近くの接骨院に通っていました。その接骨院の先生は、いつもとてもていねいに、かつ正確にケガを診《み》てくれて、しっかりと体を治し、競技復帰までサポートしてくれました。小学生のころからその接骨院の先生の姿にあこがれ、私も将来この先生のように人の体を治す仕事に就《つ》きたいと思ったのが、柔道《じゅうどう》整復師《せいふくし》を目指したきっかけです。

スポーツと柔道整復師《じゅうどうせいふくし》

スポーツでは日常生活とちがった動きをするため、競技中にケガをしたり、競技後に筋肉や関節などに痛みが出たりすることも多くあります。体のしくみをよく知る柔《じゅう》道整復師《どうせいふくし》は、ケガの処置はもちろん、スポーツによる痛みを軽減する施術《せじゅつ》もできます。症状《しょうじょう》の原因となっている部分に適度な刺激《しげき》を加え、血行をよくし、体を動かしやすくします。これが、ケガをしにくい体づくりにもつながるのです。

INTERVIEW 3

養成校で指導にあたる 柔道整復師《じゅうどうせいふくし》

長坂《ながさか》 愛《あい》さん
新宿鍼灸柔整《しんきゅうじゅうせい》歯科衛生専門学校
柔道整復《じゅうどうせいふく》学科教員
柔道整復師《じゅうどうせいふくし》

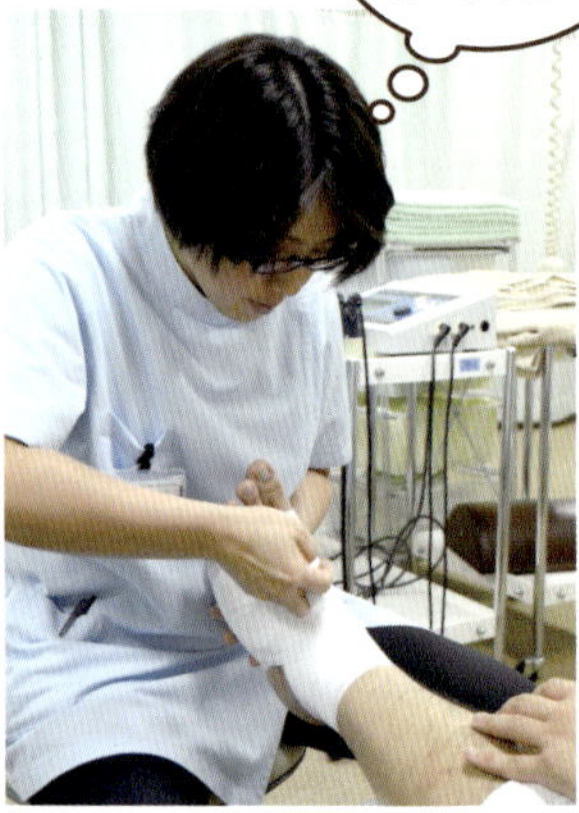
痛いところは
そっと、でも
きっちりと…

足の指のケガの処置。学校内にある接骨院なので、学生も患者《かんじゃ》さんとして来院します。

はみ出さない
ようにね

授業では、昔ながらの湿布《しっぷ》のつくり方など、伝統的な柔道整《じゅうどうせい》復《ふく》の知識や技術も教えています。

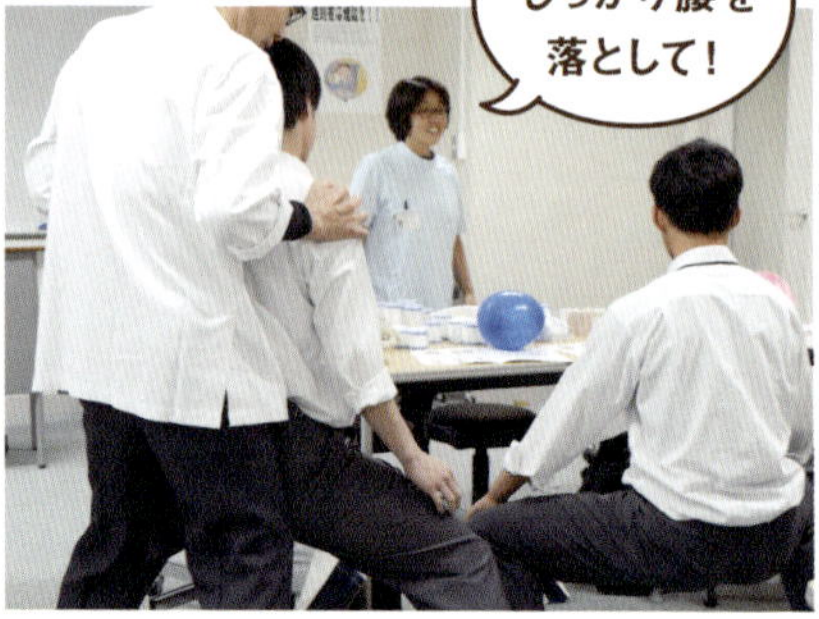
もっと
しっかり腰《こし》を
落として！

学校説明会では、柔道整復師《じゅうどうせいふくし》の仕事や学校での授業について説明。部活をやっている高校生には、ストレッチやトレーニングのやり方を指導することも。

Q1 どんな仕事をしているのですか？

専門学校に勤務し、柔道整復《じゅうどうせいふく》学科の教員として学生の指導にあたると同時に、専門学校内の附属《ふぞく》接骨院で患者《かんじゃ》さんへの施術《せじゅつ》を行っています。この接骨院は、学生たちが臨床《りんしょう》実習*を行う施設《しせつ》でもあります。授業の際は、施術《せじゅつ》に使用する機器について学生に説明したり、体験してもらったりするほか、患者《かんじゃ》さんからの許可があれば、実際に施術《せじゅつ》をするところを見学してもらいます。さらに、運動療法《りょうほう》を学生たちが自分で考え体験するなど、将来、柔道整復師《じゅうどうせいふくし》として現場で働く際に役立つ実践的《じっせんてき》な実習を行っています。

Q2 おもしろいところややりがいは？

多くの学生が入学して、勉学に一生懸《けん》命《めい》にとり組み、さらに成長して顔つきまで立派になって卒業していく姿を見ると、教員として、何ともいえないうれしい感情がわき起こります。また、卒業生が学校に遊びに来て、社会でがんばっていることを報告してくれると、うれしさと同時に、同志が増えたと感じ、たのもしく思います。接骨院での仕事では、痛みをかかえ眉《まゆ》をひそめていた患者《かんじゃ》さんが笑顔《えがお》で帰っていく姿や、次第によくなっていく過程を目にしたとき、よい仕事だなと実感します。

Q3 なぜこの仕事に就《つ》いたのですか？

中学生のころから部活動で柔道《じゅうどう》を始め、よくケガをして接骨院に通っていました。大学のときに通院していた接骨院の先生からは、ケガのことだけでなくトレーニングや柔道《じゅうどう》のこと、そして何より精神的な部分も支えてもらい、私もこんな人になりたいと思って柔道整復師《じゅうどうせいふくし》を目指しました。現在、専門学校に教員として勤務しているのは、柔道整復《じゅうどうせいふく》師《し》を目指す学生たちにこの職業のすばらしさを伝えるとともに、私がさまざまな人から学んできたことを、今度は私が教えることによって、次の世代へとつなげたいと思ったからです。

柔道整復師《じゅうどうせいふくし》養成校の臨床《りんしょう》実習

柔道整復師《じゅうどうせいふくし》として、現場で通用する実践力《じっせんりょく》を身につけるために、養成校の附属施設《ふぞくしせつ》などで行う実習が臨床《りんしょう》実習です（必要に応じて医療《いりょう》施設《しせつ》で行うこともあります）。実《じっ》施《し》する時期や期間は学校によってちがいますが、柔道整復師《じゅうどうせいふくし》国家試験の受験資格を得るためには、少なくとも1単位45時間で4単位以上（合計180時間以上）の臨床《りんしょう》実習が必要です。

INTERVIEW 4

独立開業して働く柔道整復師《じゅうどうせいふくし》

澤田《さわだ》 豊弘《とよひろ》さん
西麻布《にしあざぶ》整骨院 院長
柔道整復師《じゅうどうせいふくし》

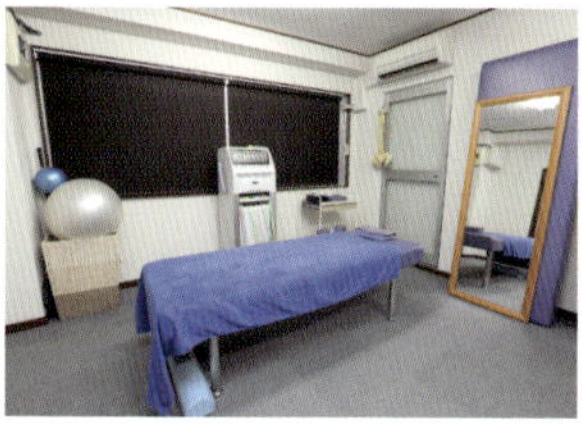

院内には必要なものがコンパクトにそろっています。

痛みはどこにありますか？

日ごろから近所の人たちと顔を合わせ、気軽に足を運んでもらえる関係をつくっています。

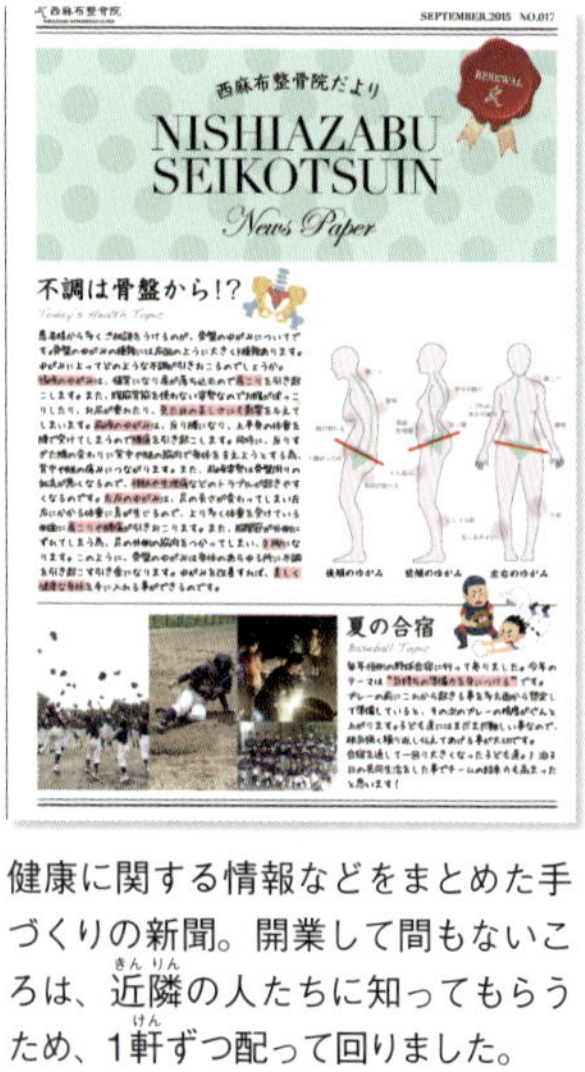
西麻布整骨院
SEPTEMBER.2015 NO.017
西麻布整骨院だより
NISHIAZABU SEIKOTSUIN
News Paper
不調は骨盤から!?
夏の合宿

健康に関する情報などをまとめた手づくりの新聞。開業して間もないころは、近隣《きんりん》の人たちに知ってもらうため、1軒《けん》ずつ配って回りました。

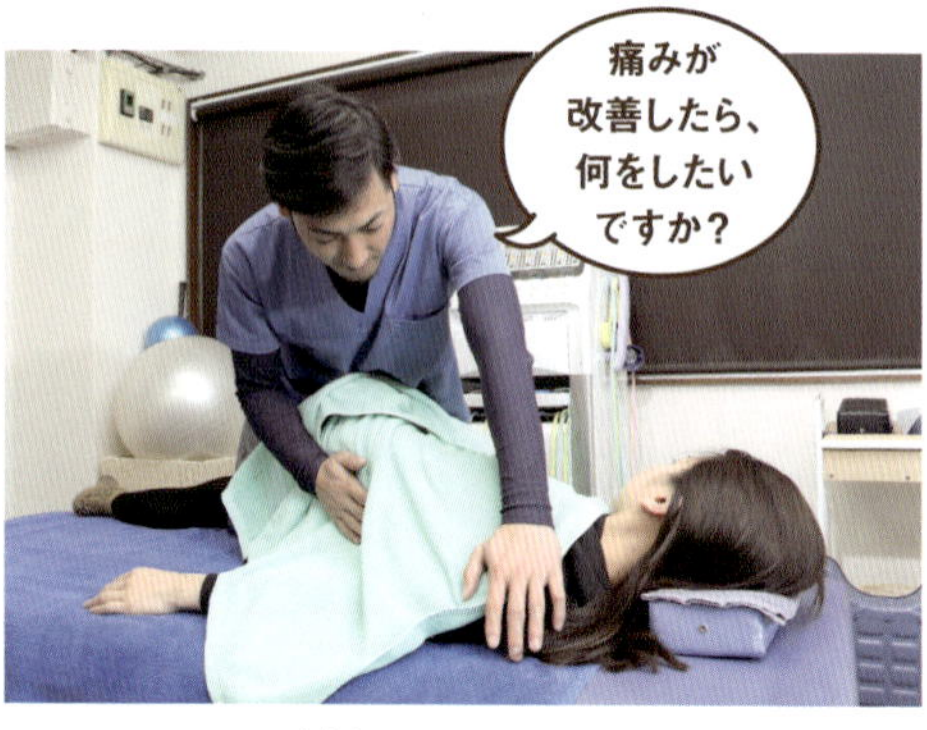
痛みが改善したら、何をしたいですか？

この整骨院では、施術《せじゅつ》は完全予約制。一人ひとりの患者《かんじゃ》さんとじっくり向き合い、症状《しょうじょう》が改善するよう手をつくします。

Q1 どんな仕事をしているのですか?

整骨院を開業し、すべての業務を一人で行っています。患者《かんじゃ》さんへの施術《せじゅつ》だけでなく、予約の受付・管理、会計、保険請求などの事務処理まで、さまざまな仕事をこなさなければなりません。施《せ》術中《じゅつちゅう》に予約の電話がかかってくることも多いため、施術《せじゅつ》を中断せずにすむよう、インターネットを使った予約システムを導入するなどしてくふうしています。ほとんどの患者《かんじゃ》さんが、近所に住む人や近くで働いている人なので、町内会の行事に参加したり、近くのお店に顔を出したりして、日ごろから交流を深めるようにしています。

Q2 おもしろいところややりがいは?

施術《せじゅつ》によって痛みがなくなったという患《かん》者《じゃ》さんから、笑顔《えがお》で「ありがとう」。この言葉がいちばんの支えです。自分の施術《せじゅつ》によって症状《しょうじょう》が改善されたときや、スポーツ選手にトレーニング方法を指導して、それが成果につながったときなどは、この仕事を選んでよかったなと毎回思います。また、地域に根づいた活動を心がけているため、近隣《きんりん》の人たちとのつながりが深くなり、患者《かんじゃ》さんという枠《わく》を超《こ》えて、人と人として親しいつき合いができることは、とても楽しく、喜ばしいことだと感じています。

Q3 なぜこの仕事に就《つ》いたのですか?

私は野球で肩《かた》を傷《いた》めました。ボールを100％の力で投げることができなくなり、守備の得意だった私は、「肩《かた》の痛みがなければ、もっと楽しく野球ができるのに」と思うようになりました。肩《かた》を治すために接骨院に通うようになり、そのときに柔道整復師《じゅうどうせいふくし》という仕事に出会い、なんてすばらしい仕事なんだと感動しました。私も柔道整復師《じゅうどうせいふくし》になり、痛みがあるためスポーツを全力で楽しめないでいる人や日常生活で痛みがある人に対して施術《せじゅつ》を行い、痛みをとり去ることで今よりもっと楽しい生活を送ってほしいと思い、この仕事を選びました。

独立開業して働くということ

勤務先の責任者の指示や指導のもとではなく、自分の考えにもとづいて施術《せじゅつ》できるところが魅力《みりょく》です。ただし、責任をとるのも自分自身。患者《かんじゃ》さんの信頼《しんらい》を得られるか、多くの患者《かんじゃ》さんに来院してもらえるかどうかは、能力次第です。経営者として、金銭面の管理もしなければなりませんし、人づき合いも重要です。大変なことも多いですが、そのぶんやりがいも大きい働き方といえます。

もっと！

教えて！ 柔道整復師《じゅうどうせいふくし》さん

Q1

柔道整復師《じゅうどうせいふくし》になって よかったなと 思うことを教えて！

A ケガや体について深く考えるきっかけになれたこと

スポーツでケガをした患者《かんじゃ》さんを担当したときのこと。本人は来院当初、一刻も早く競技に復帰したいとの気持ちが強く、あせっているようすでしたが、施術中《せじゅつちゅう》にいろいろな話をするうちに、ケガや自分の体とどう向き合えばよいのかを深く考えるようになっていきました。無事にケガが完治したときには、「自分も将来こんな仕事がしたい」と言ってくれて、とてもうれしく思いました。 （40代・男性）

A 専門家としてのアドバイスを通じ、人との交流が深まる

柔道整復師《じゅうどうせいふくし》になり、来院した患者《かんじゃ》さんに対してはもちろん、家族や友人など身近な人にも、身体の専門家としてアドバイスをする機会が増えました。相談を受けていろいろと話をすることで、その人との交流がより深まると感じています。自分のなかで、人を思いやる気持ちがこれまで以上に大きくなりました。

（30代・男性）

A 患者《かんじゃ》さんのケガが治ったときは自分のことのようにうれしい

患者《かんじゃ》さんが「ケガが治ったらこうしたい」と言っていた目標を達成できて、そのことをうれしそうに報告してくれたときは、本当に柔道整復師《じゅうどうせいふくし》になってよかったなと思います。長期間にわたって通院する患者《かんじゃ》さんが多いので、体の状態がよくなったときは、自分のことのようにうれしくなります。 （20代・女性）

Q2
柔道整復師《じゅうどうせいふくし》の仕事で、大変なこと、苦労したことを教えて！

A 資格をとったら終わりではなく、毎日が勉強！

どんな仕事もそうですが、最初は大変でした。学校を卒業し、国家資格をとったからといって、それで一人前というわけではないので、技術向上のための反復練習はもちろん、患者《かんじゃ》さんと接する際の言葉づかい、気配り目配りなど、先輩《せんぱい》から指導を受けながら学んでいきました。毎日が勉強なので大変なことも多いですが、仕事を始めたころも今も、充実《じゅうじつ》しています。（20代・男性）

A 注射や薬などを使えないからこそ、技術をみがき続ける努力が必要

私たち柔道整復師《じゅうどうせいふくし》は、痛み止めの注射や薬などが使えません。痛みが強い患者《かんじゃ》さんに対して、苦痛を軽減することができなかったり、思うように施術《せじゅつ》できなかったりすると、自分の力不足を痛感します。だからこそ、何度も練習して、本で調べ、考え、人に聞いて学びます。しかし、それは苦ではありません。患者《かんじゃ》さんのためにも、努力し、成長し続けたいと思っています。（30代・女性）

A 高齢者《こうれいしゃ》の運動指導では、緊急時《きんきゅうじ》の対応が求められることも

私は介護施設《かいごしせつ》で高齢者《こうれいしゃ》を対象に仕事をしています。トレーニング中、利用者さんの持病が悪化するなどの緊急《きんきゅう》時《じ》には、とっさの判断や対応を求められることがあります。また、まれに利用者さん同士の衝突《しょうとつ》もあり、そんなときは、利用者さんの家族やケアマネジャーとともに対策を考えなければなりません。体のことだけでなく、広い視野をもって対応する必要があります。（20代・女性）

Q3 柔道整復師《じゅうどうせいふくし》にとってだいじだと思うことを教えて！

A 患者《かんじゃ》さんの体は千差万別。ちがいを理解することがだいじ

患者《かんじゃ》さんが不安を感じている体の状態や、かかえている病気は、それぞれちがいます。ケガと体と身体運動の専門家である柔道整復師《じゅうどうせいふくし》は、そのちがいを正しく理解することが大切です。骨や筋肉といった体の部分をしっかりと確認《かくにん》することはもちろんですが、生活習慣や趣味《しゅみ》などの背景から、体の状態を読みとることも重要だと思います。（20代・女性）

A 同じ人生、同じ生活はない。患者《かんじゃ》さん一人ひとりに合わせた施術《せじゅつ》を

柔道整復師《じゅうどうせいふくし》として患者《かんじゃ》さんのケガを治すということは、自分以外の人の人生に、その一時期、深くかかわることになります。同じ人生、同じ生活は一つもありません。一人ひとりの患者《かんじゃ》さんが何に悩《なや》み、何を望んでいるのかを考え、その希望に沿うように施術《せじゅつ》を行うことがだいじだと思っています。施術《せじゅつ》が押《お》しつけにならないよう心がけながら、日々仕事にとり組んでいます。（30代・女性）

A 「この人のケガを治したい」という思いが人とのつながりを育む

私の好きな言葉は、「思いあるところに人は集まる」です。ケガを治すためには、当然、技術が必要ですが、それだけではなく、「この人のケガを治したい」という思いが大切だと考えています。治したいという思いが伝わることで、患者《かんじゃ》さんとの間に信頼《しんらい》関係が生まれます。また、その思いが原動力となって、自分自身の知識や技術の向上にもつながっていきます。「思いあるところに人は集まる」という言葉を、いつも自分自身の心にとめて、柔《じゅう》道整復師《どうせいふくし》として今後も困っている人たちの役に立てるようがんばっていきたいと思っています。（30代・男性）

Part 2

目指せ柔《じゅう》道《どう》整《せい》復《ふく》師《し》！どうやったらなれるの？

柔道整復師《じゅうどうせいふくし》になるには、どんなルートがあるの？

養成校で3年以上学び、柔道整復師《じゅうどうせいふくし》国家試験を受験

柔道整復師《じゅうどうせいふくし》になるには、柔道整復師《じゅうどうせいふくし》国家試験に合格しなければなりません。そのためにはまず、柔道整復師《じゅうどうせいふくし》養成校（文部科学大臣が指定した学校、または都道府県知事が指定した柔道整復師《じゅうどうせいふくし》養成施設《しせつ》）で3年以上学び、柔道整復師《じゅうどうせいふくし》として必要な知識と技術を身につける必要があります。

柔道整復師《じゅうどうせいふくし》養成校には、4年制大学、3年制の短期大学、3年制または4年制の専門学校、3年制の特別支援《しえん》学校（視覚障がい者が対象）があります。入学資格は「大学に入学することができる者」と決められていますから、一般的《いっぱんてき》には中学校と高等学校を卒業したあとで、いずれかの養成校に進学することになります。

必要な科目をすべて修めて養成校を卒業すると、柔道整復師《じゅうどうせいふくし》国家試験の受験資格が得られます。毎年3月上旬《じょうじゅん》に行われる国家試験に合格すれば、晴れて柔道整復師《じゅうどうせいふくし》資格取得です。高等学校卒業後すぐに養成校に入学し、ストレートで国家試験に合格した場合、21歳か22歳で柔道整復師《じゅうどうせいふくし》として働き始めることができます。

柔道整復師《じゅうどうせいふくし》養成校に入るのに、年齢《ねんれい》制限はありません。社会人入試（社会人のみを対象とした入学試験）を実施《じっし》している養成校もあり、高等学校や大学を卒業していったん社会に出たあとで、柔《じゅう》道整復師《どうせいふくし》を目指す人にも道が開かれています。一度はちがう分野に進学・就職した人が、自分や家族のケガなどをきっかけに柔道整復師《じゅうどうせいふくし》の仕事を知り、資格取得を目指すというケースも少なくありません。

中学校卒業

↓

高等学校

↓

柔《じゅう》道《どう》整《せい》復《ふく》師《し》養成校

大学（4年）・短期大学（3年）

専門学校（3年または4年）

特別支《し》援《えん》学校（3年）

高等学校を卒業していれば、社会人から入学することも可能。

↓

柔《じゅう》道《どう》整《せい》復《ふく》師《し》国家試験

↓

柔《じゅう》道《どう》整《せい》復《ふく》師《し》資格取得

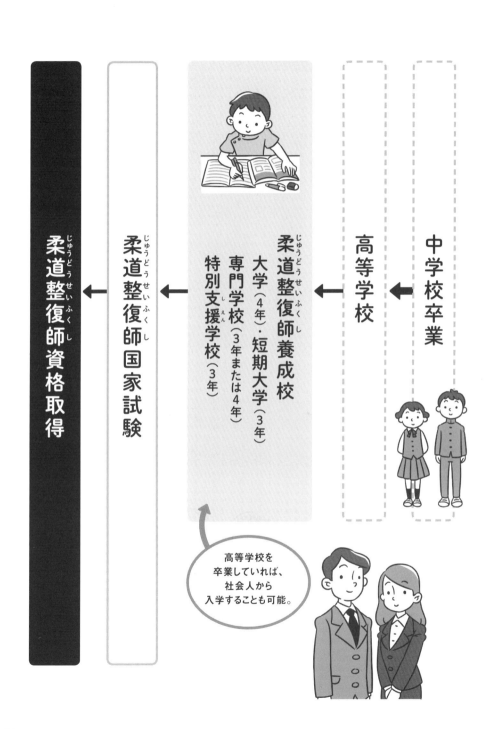

? いろんな学校があるみたいだけど、ちがいは何？

柔道整復師《じゅうどうせいふくし》養成校の種類と数

大学（4年制）	15校
短期大学（3年制）	1校
専門学校（3年制または4年制）	93校
特別支援《しえん》学校（3年制）	1校
計	110校

※同じ大学でも所在地や学科が異なる場合は別々に数えています。

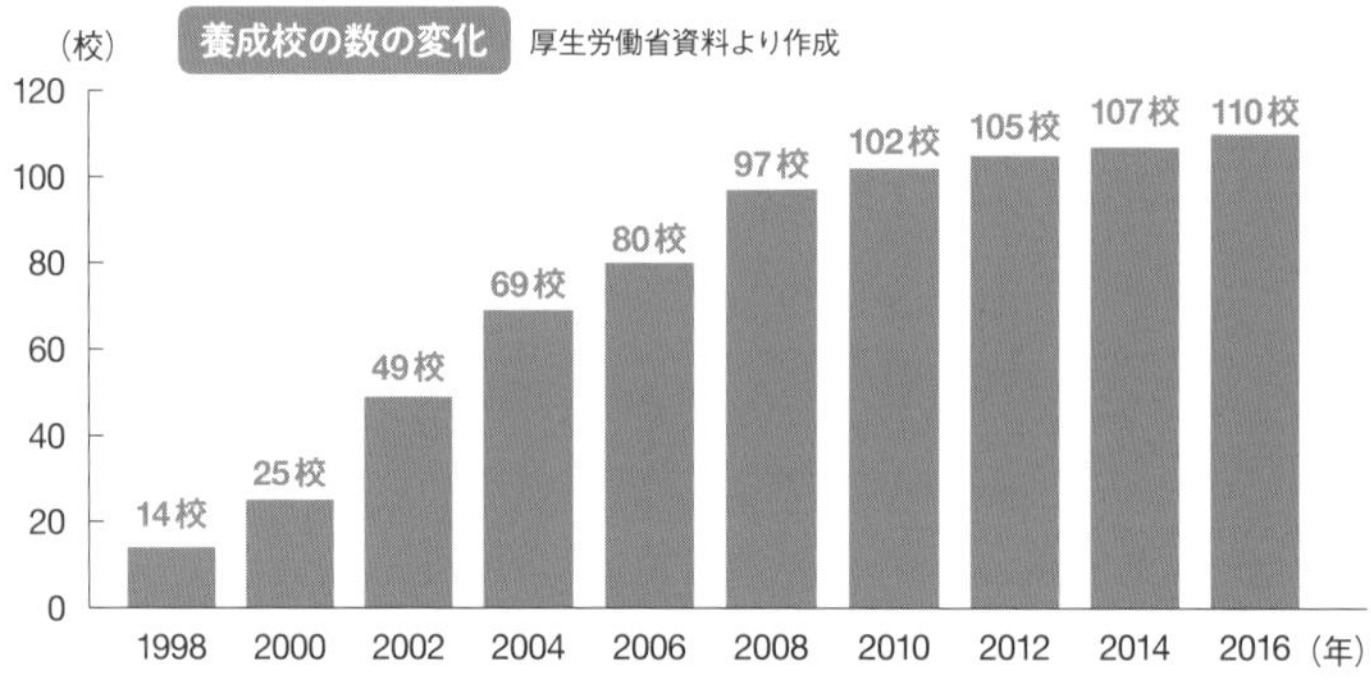

数が多いのは3年制の専門学校。大学は4年制でじっくり学べます

養成校の種類にかかわらず、柔道整復師《じゅうどうせいふくし》になるために必要なことはすべて学べます。国家試験の合格率にも、それほど差はありません。わかりやすいちがいは修業年数です。

大学は4年制で、柔道整復《じゅうどうせいふく》以外の領域も幅広《はばひろ》く学びます。視野を広くもちたいなら、大学が向いているでしょう。必要な科目を修めれば、中学校や高等学校の保健体育の教員免許《めんきょ》が取得できる大学もあります。

一方、専門学校はほとんどが3年制です。大学よりも1年短いですが、集中して力をつけられるようにカリキュラムが組まれています。少しでも早く現場に出たい人は、専門学校を選ぶとよいでしょう。

専門科目以外も幅広《はばひろ》く学び、
応用力を身につける

大学 （4年）
短期大学 （3年）

柔道整復《じゅうどうせいふく》に関する専門科目に加えて、教養科目などもあり、卒業までにより多くのことを学べます。技術とともにさまざまな知識を総合的に学び、大学によっては卒業研究も課されるので、広い視野と応用力が身につきます。短期大学は3年制なので教養科目が大学よりも少なめです。

柔道整復《じゅうどうせいふく》の実践的《じっせんてき》な
知識と技術を習得

専門学校 （3～4年）

現場で働くことを意識した、より実践的《じっせんてき》な専門教育が中心です。実技に力を入れたカリキュラムが組まれている学校が多く、短期間でしっかりと技術を身につけられるようになっています。授業時間が午前中だけ、午後だけの学校や、夜間部を設けている学校もあるので、アルバイトとの両立もしやすいでしょう。

視覚障がい者が対象

特別支援《しえん》学校 （3年）

視覚に障がいがある人を対象とした特別支援《しえん》学校で、職業教育課程として柔道整復科《じゅうどうせいふくか》を設けている学校があります。

働きながら学びたい場合は…

➡ 夜間部のある養成校もあります

柔道整復師《じゅうどうせいふくし》養成校の半数近くが、夜間部を設けています。夜間部があるのは専門学校または短期大学で、大学に夜間部はありません。夜間部も昼間部と同様に3年制です。夕方から夜にかけての時間帯に授業が行われるため、昼間働きながら学ぶことが可能です。なお、柔道整復師《じゅうどうせいふくし》養成校に、通信制のコースはありません。

？柔道整復師《じゅうどうせいふくし》の学校って、どんなところ？

柔道《じゅうどう》整《せい》復《ふく》師《し》養成校の教育内容

基礎《きそ》分野

- 科学的思考の基盤《きばん》
- 人間と生活

専門基礎《きそ》分野

- 人体の構造と機能
- 疾病《しっぺい》と傷害
- 柔道整復術《じゅうどうせいふくじゅつ》の適応
- 社会保障制度
- 保健医療福祉《いりょうふくし》と柔道整復《じゅうどうせいふく》の理念

専門分野

- 基礎柔道整復学《きそじゅうどうせいふくがく》
- 臨床柔道整復学《りんしょうじゅうどうせいふくがく》
- 柔道整復《じゅうどうせいふく》実技
- 臨床《りんしょう》実習

文部科学省・厚生労働省令「柔道整復師学校養成施設指定規則」より

柔道整復師《じゅうどうせいふくし》に必要な知識と技術を身につけます

柔道整復師《じゅうどうせいふくし》養成校の教育内容は、法令によって決められています。柔道整復《じゅうどうせいふく》の専門分野だけでなく、あらゆる学びの基礎《きそ》となる科学的なものの考え方、命や人権の大切さ、人体の構造と働き、病気やケガについての知識なども身につけます。柔道整復《じゅうどうせいふく》のルーツである柔道《じゅうどう》を学ぶ授業もあります。

これらの内容はどの学校でも学習することになっていますが、具体的な科目名や授業の内容は各学校が独自に設定するため、学校ごとに特色があります。最近は、スポーツ分野に力を入れている学校も増えています。また、臨床《りんしょう》実習を行う施設《しせつ》の種類や規模も、学校によってさまざまです。

入学式

柔道整復師《じゅうどうせいふくし》を目指して、新しい生活のスタートです。

体育祭

バスケットボールやフットサルなどの試合を行い、盛り上がります。

クラブ活動

スポーツや文化活動など内容はさまざまです。ほかの学部や学科と合同で活動するものも。

写真提供：帝京平成大学、新宿鍼灸柔整歯科衛生専門学校

ある一年のスケジュール

4月	入学式（1年次） 新入生オリエンテーション（1年次） 健康診断《しんだん》
▼	
▼	
7月	前期定期試験
8月	夏休み
9月	後期授業開始
10月	学園祭、体育祭
▼	
12月	冬休み
1月	後期定期試験 春休み
▼	
3月	柔道整復師《じゅうどうせいふくし》国家試験（卒業年次） 卒業式（卒業年次）

学園祭や体育祭など、学生ならではのイベントも

大学と専門学校は修業年数が異なるため、卒業までのカリキュラムにはちがいがありますが、年間スケジュールはほぼ同じです。授業は前期と後期に分かれていて、それぞれの終わりに定期試験が実施《じっし》されます。学習内容をしっかりと身につけられるように、補習授業や小テストをこまめに行う学校もあります。夏休み、冬休み、春休みと年に3回の長期休暇《きゅうか》がある場合がほとんどですが、休みの長さは学校によってちがいます。

また、多くの大学や専門学校では、学園祭や体育祭、スポーツ大会などの行事が開催《かいさい》され、おおいに盛り上がります。クラブ活動やサークル活動がさかんな学校では、学年や学科を超《こ》えて学生同士が交流する機会も多いでしょう。勉強することはたくさんありますが、学生ならではの経験を通して、いろいろな人とかかわることもだいじです。

？ 学校ではどんな授業が行われているの？

大学の4年間の流れ（帝京平成大学の場合）

1年次	専門分野の基礎《きそ》となる身体の構造や機能を中心に学ぶとともに、幅広《はばひろ》い一般《いっぱん》教養を身につけ、バランスのとれた人格を育てます。
2年次	運動器（筋肉や関節など）を中心としたケガなどに関する専門知識の修得と、実習による技術の修得を目指します。
3年次	専門知識にもとづいて実技実習を行い、より実践的《じっせんてき》な柔道整復師《じゅうどうせいふくし》としての技術を身につけます。
4年次	医学的・専門的知識をもとに実践《じっせん》能力を養うとともに、徹底《てってい》した柔《じゅう》道整復師《どうせいふくし》国家試験対策を行います。

※臨床《りんしょう》実習は、3年次または4年次に行います。

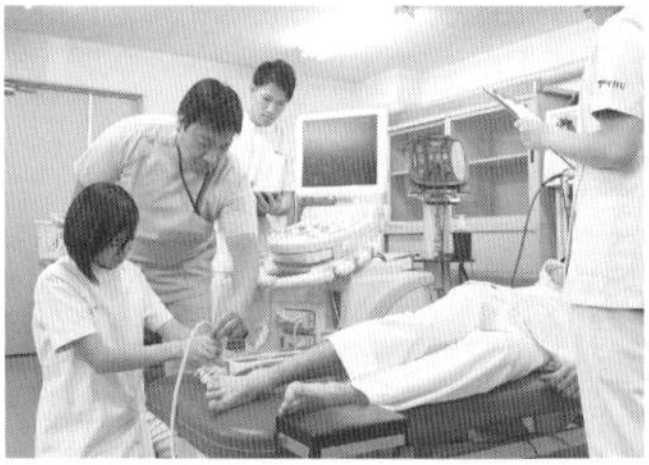

柔道整復《じゅうどうせいふく》実技の実習科目では、部位別にくわしく学びます。超音波《ちょうおんぱ》検査（エコー検査）の装置の使い方も身につけます。

一般《いっぱん》教養科目など、ほかの学部や学科の学生といっしょに大きな教室で学ぶこともあります。

大学では、専門科目と合わせて社会に出てから役立つ一般《いっぱん》教養も

4年制の大学の場合、1年次は専門分野の基礎《きそ》となる人体の構造と機能を学ぶ科目、一般《いっぱん》教養科目などの講義（教室での授業）が中心となります。2年次になると、基礎的《きそてき》な技術の実習が始まり、専門分野の勉強も本格化。3年次以降は、より専門的な知識を学ぶとともに実技実習を行い、実践力《じっせんりょく》をみがいていきます。現場での臨床《りんしょう》実習は、3年次または4年次に行う学校が多いようです。

専門科目以外も学ぶ時間が十分にあるので、社会に出てから役立つコンピュータ演習、会計学といった科目や、スポーツ、介護《かいご》、福祉《ふくし》など将来進みたい分野に関連するさまざまな科目も選択《せんたく》できます。

専門学校3年間の流れ（新宿鍼灸柔整《しんきゅうじゅうせい》歯科衛生専門学校の場合）

1年次	解剖学《かいぼうがく》で人体の構造を理解し、生理学で身体の働きを学びます。専門実技としては、施術《せじゅつ》の基本となる体表からの骨や筋肉の触診法《しょくしんほう》を学びます。
2年次	医療《いりょう》現場で求められる知識を中心に学びます。附属施設《ふぞくしせつ》での臨床《りんしょう》実習も開始。基礎《きそ》知識を現場での実習と関連づけて身につけます。
3年次	国家試験対策に重点を置くコース、臨床《りんしょう》を中心に学習するコースなどが選べます。臨床《りんしょう》実習も引き続き行い、さらなる実践力《じっせんりょく》の向上を目指します。

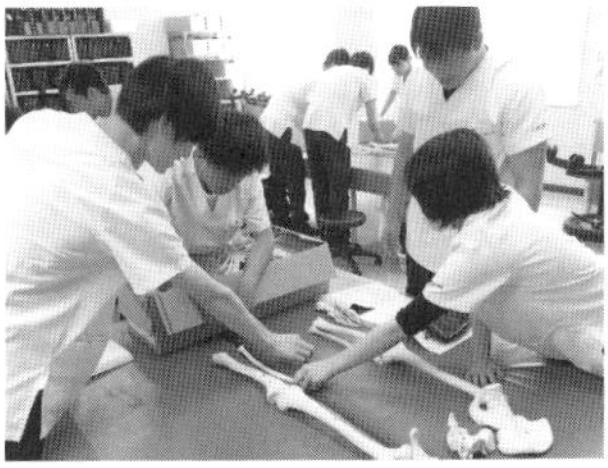

骨格模型を並べて骨の位置や形を確認《かくにん》する授業は、人体の構造を立体的にとらえる訓練になります。

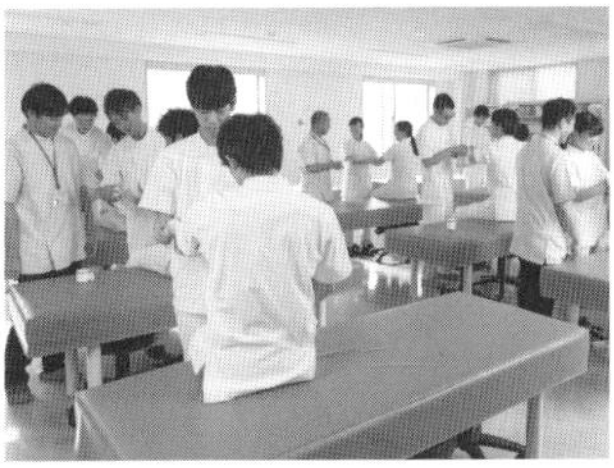

学内での実習は学生同士がおたがいの体にふれながら行います。現場での臨《りん》床《しょう》実習の前にしっかりと技術を修得。

大学でも専門学校でも、柔道整復《じゅうどうせいふく》のルーツである柔道《じゅうどう》を学ぶ実技の授業があります。

専門学校は、柔道整復《じゅうどうせいふく》の知識と実技や実習が中心です

専門学校はほとんどが3年制なので卒業までの授業数は大学より少ないですが、必要な内容を集中的に学べるカリキュラムとなっています。1年次から、解剖学《かいぼうがく》や生理学などの専門基礎《きそ》科目に加えて実技実習がある場合がほとんどです。学校にもよりますが、臨《りん》床《しょう》実習は2年次から。専門学校は実践《じっせん》に力を入れているため、多くの学校で実習時間を多めに設定しています。3年次は、引き続き臨床《りんしょう》実習を行いつつ、国家試験に向けて準備を進めていきます。大学、専門学校とも、臨《りん》床《しょう》実習は学校の付属施設《しせつ》や、提携《ていけい》している接骨院・整骨院、病院などで行います。

なお、どの養成校でも必ず、柔道整復《じゅうどうせいふく》実技および柔道《じゅうどう》実技の「認定《にんてい》実技審査《しんさ》」があります。卒業前に、柔道整復師《じゅうどうせいふくし》となるために必要な知識および技能が身についているかどうかを実技審査《しんさ》によって確認《かくにん》するためです。

写真提供：帝京平成大学、新宿鍼灸柔整歯科衛生専門学校

？ 気になる学費は、どのくらいかかるの？

専門学校・短期大学	大学
●入学金　0〜80万円	●入学金　20万〜30万円
＋	＋
●授業料（1年間） 60万〜140万円 （学校によってかなり異なる。また、学年ごとに授業料がかわる場合もある）	●授業料（1年間） 80万〜140万円 （大学によってかなり異なる。また、学年ごとに授業料がかわる場合もある）
＋	＋
●施設《しせつ》設備費 ●実習費 10万〜70万円 （各学校に開きあり。名目や金額が異なるほか、授業料にふくまれている学校も）	●施設《しせつ》設備費 ●実習費 20万〜80万円 （各大学に開きあり。名目や金額が異なるほか、授業料にふくまれている大学も）
⬇	⬇
3〜4年間で 約300万〜500万円 くらい	**4年間で 約600万〜700万円 くらい**

ほぼすべての学校が私立なので、かかる学費はやや高め

2017年現在、柔道整復師《じゅうどうせいふくし》養成校はほぼすべてが私立です（公立は特別支援《しえん》学校1校のみ）。入学初年度にかかる費用（授業料、入学金、施設費《しせつひ》、実習費などを合わせた総額）の平均は、大学が約190万円、専門学校が約150万円。専門学校はほとんどが3年制のため、卒業までにかかる総額も、大学より安くおさえられるでしょう。

なお、夜間部のある学校では、昼間部よりも夜間部の学費や入学金を安めに設定しているケースが多く見られます。

多くの学校に奨学金《しょうがくきん》制度や学費サポート制度があり、民間団体や自治体の奨学金《しょうがくきん》を利用することもできます。

？ 柔道整復師《じゅうどうせいふくし》の学校の入学試験は、難しいの？

選ぶ学校によって難易度や試験の形式はさまざま

学校によって多少の差はありますが、入学試験の難易度はそれほど高くありません。

大学の一般《いっぱん》入試の筆記試験は1～3科目。国語、英語、数学を中心に、理科や社会から選べる場合もあります。筆記試験に加えて面接が行われることも。専門学校の一般《いっぱん》入試は、小論文（作文）、国語の筆記試験、面接という例が多く、一般《いっぱん》常識や適性を問う独自の筆記試験を課す学校もあります。また、大学、専門学校ともに、推薦《すいせん》入試もさまざまな形で実施《じっし》されています。

面接を行う学校が多いので、柔道整復師《じゅうどうせいふくし》という仕事についてしっかりと考え、自分の言葉で話せるようにしておきましょう。

柔道整復師《じゅうどうせいふくし》養成校 一般《いっぱん》入試の試験科目の例

（例1）大学
国語・数学・英語・理科から2科目選択《せんたく》 ＋ 面接

（例2）専門学校
筆記試験（一般《いっぱん》常識、適性） ＋ 小論文（作文） ＋ 面接

（例3）専門学校
国語 ＋ 面接

推薦《すいせん》入試の種類

一般推薦《いっぱんすいせん》	学業成績など大学が示す条件を満たす人が、高等学校の校長の推薦《すいせん》を得て出願。どの高等学校からでも出願できる。
指定校推薦《すいせん》	大学が指定した特定の高等学校に限って募集《ぼしゅう》がある。指定を受けている学校の生徒で、大学が示す条件を満たしている人が出願可能。
自己推薦《すいせん》	受験生自身が、自分の能力や打ちこんできたことなどをアピールして、出願する。特別な才能や得意分野がある人が有利。
AO入試	受験生自身が出願する点は自己推薦《すいせん》と同じだが、能力や実績よりも、人物、適性や志望理由などを重視した選抜《せんばつ》が行われる。

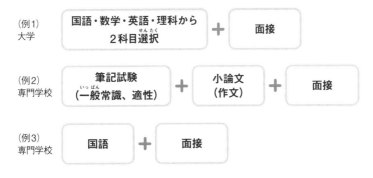

? 柔道整復師《じゅうどうせいふくし》に向いているのはどんな人？

向いている人の特徴《とくちょう》

体を動かすことが好き

全身を使って施術《せじゅつ》を行うこともあり、仕事をするうえでは体力が必要。また、スポーツによるケガをあつかう機会も多いので、自分自身もスポーツ経験があるとよいでしょう。

コミュニケーションが得意

患者《かんじゃ》さんとの信頼《しんらい》関係が大切な仕事なので、気さくに話しかけて緊張《きんちょう》をほぐしたり、相手が話しやすい雰囲気《ふんいき》をつくったりすることができると理想的です。

観察力、判断力がある

レントゲンなどの機械を使わず、目で見て、手でふれて、患者《かんじゃ》さんの状態を見きわめる柔道整復師《じゅうどうせいふくし》には、異常を見のがさない観察力と判断力が求められます。

健康で体力があり、人の役に立ちたいと思う人

体を使う仕事なので、健康で体力があることがだいじです。クラブ活動などでスポーツをやっていれば、スポーツでケガをした患《かん》者《じゃ》さんの気持ちを理解しやすく、話にも説得力が増すでしょう。

柔道整復師《じゅうどうせいふくし》の仕事は、ケガが治るまでの長期間にわたり、患者《かんじゃ》さんと密につき合っていくことが多いため、人とかかわるのが好きな人に向いています。患者《かんじゃ》さんの話を聞いたり体にふれたりして、ケガの状態を探《さぐ》るためには、コミュニケーション能力に加え、観察力や判断力も必要です。

そして何より、人の役に立ちたいという気持ちが、仕事への原動力になるでしょう。

? 中学校・高等学校でやっておくといいことはある?

いかせる科目

人体のしくみ	←	生物
体の動かし方	←	保健体育 / クラブ活動
患者《かんじゃ》さんとのコミュニケーション	←	国語 / 社会 / ボランティア
会計の計算、施術所《せじゅつしょ》の経営	←	数学

人体のしくみを学ぶ基礎《きそ》は生物。人とかかわる経験もだいじです

人間の体のしくみについて学ぶための基礎《きそ》となる生物は、特にしっかりと学んでおきましょう。保健体育や運動系のクラブ活動で、体の動かし方を知ることも、柔道整復師《じゅうどうせいふくし》の仕事に役に立ちます。

また、ケガの状態を聞いたり、施術録《せじゅつろく》を書いたりするには、国語の力も必要です。施術《せじゅつ》中《ちゅう》などに患者《かんじゃ》さんとコミュニケーションをとる際、社会で学習する歴史や地理の一般《いっぱん》常識もあったほうがよいでしょう。会計の計算などには数学も役に立ちます。

学校の勉強以外に、クラブ活動や趣味《しゅみ》、ボランティアなどを通して、いろいろな人とかかわる経験をすることも大切です。

理《り》学《がく》療《りょう》法《ほう》士《し》やマッサージ師とはどうちがうの？

スポーツや日常生活のなかで生じた、骨折、脱臼《だっきゅう》、打ち身、ねんざ、肉ばなれなどのケガに対し、その回復をはかるために施術《せじゅつ》（整復法、固定法、後療法《こうりょうほう》）を行う。

柔道整復師《じゅうどうせいふくし》

ケガや病気、老化などにより体に障がいのある人の身体機能の回復や維持《いじ》のために、医師をはじめとする医療職《いりょうしょく》と協力して治療《ちりょう》や運動の指導を行う。

理学療法士《りがくりょうほうし》

痛みやこりなどの症状《しょうじょう》を訴《うった》える人に対し、おもに手や指を使って、押《お》す、もむ、たたくなどの刺激《しげき》を体に与《あた》え、症状《しょうじょう》の改善、体力回復、健康増進をはかる。

あん摩《ま》マッサージ指圧師

理学療法士《りがくりょうほうし》は、医師の指示のもと理学療法《りがくりょうほう》を行う医療職《いりょうしょく》

体を整える仕事に関する国家資格は、柔道整復師《じゅうどうせいふくし》以外にもありますが、それぞれ専門分野が異なります。

理学療法士《りがくりょうほうし》は、病院などの医療施設《いりょうしせつ》でリハビリにたずさわる国家資格です。医師の診療《しんりょう》の補助として理学療法《りがくりょうほう》を行います。理学療法《りがくりょうほう》とは、体に障がいのある人に対して、基本的動作能力の回復をはかるために、運動療法《りょうほう》や物理療法《りょうほう》を行うこと。医療施設《いりょうしせつ》で働いている柔道整復師《じゅうどうせいふくし》とは、業務内容に重なる部分が多くあります。ただし、理学療法士《りがくりょうほうし》は「医師の指示のもとに理学療法《りがくりょうほう》を行う」と法律にも定められており、開業して理学療法《りがくりょうほう》を行うことはできません。

体を整える仕事の資格内容

資格名	資格の種類	医師の指示
柔道整復師《じゅうどうせいふくし》	**国家資格**	不要 （脱臼・骨折については、応急的な施術以外は医師の同意が必要）
理学療法士《りがくりょうほうし》	**国家資格**	必要
あん摩《ま》マッサージ指圧師	**国家資格**	不要 （脱臼・骨折の患部への施術には医師の同意が必要）
はり師	**国家資格**	不要
きゅう師	**国家資格**	不要
整体師	資格なし	不要

整体師には、法律による資格制度がなく、民間の学校などがそれぞれ独自に認定《にんてい》しているだけです。民間療法《りょうほう》として、無資格の人でも自由に施術《せじゅつ》、開業することができますが、技術にはばらつきがあります。

マッサージ師は、専門分野が異なる別の国家資格

マッサージ師は、正式には「あん摩《ま》マッサージ指圧師」という名称の国家資格です。あん摩《ま》（中国から伝わった、東洋医学にもとづく手技療法《しゅぎりょうほう》）、マッサージ、指圧の専門的な知識と技術をもちます。同じく東洋医学にもとづく施術《せじゅつ》を行う国家資格として、はり師、きゅう師があります。

あん摩《ま》マッサージ指圧師、はり師、きゅう師は、医師の指示なしに、独立して施術《せじゅつ》を行うことができます。柔道整復師《じゅうどうせいふくし》と同様に、施術所《せじゅつしょ》を開設し、開業することも可能です。

柔道整復師《じゅうどうせいふくし》の資格をもったうえで、さらにあん摩《ま》マッサージ指圧師、はり師、きゅう師などの資格を取得し、幅広《はばひろ》く施術《せじゅつ》を行う人もいます。

また、柔道整復師《じゅうどうせいふくし》とよく比べられる職種として整体師がありますが、整体師には法律による資格制度はありません。

？ 柔道整復師《じゅうどうせいふくし》ってどのくらいいるの？

柔道整復師《じゅう どう せい ふく し》として働いている人の数

厚生労働省「平成28年度衛生行政報告例」（2017年）より作成

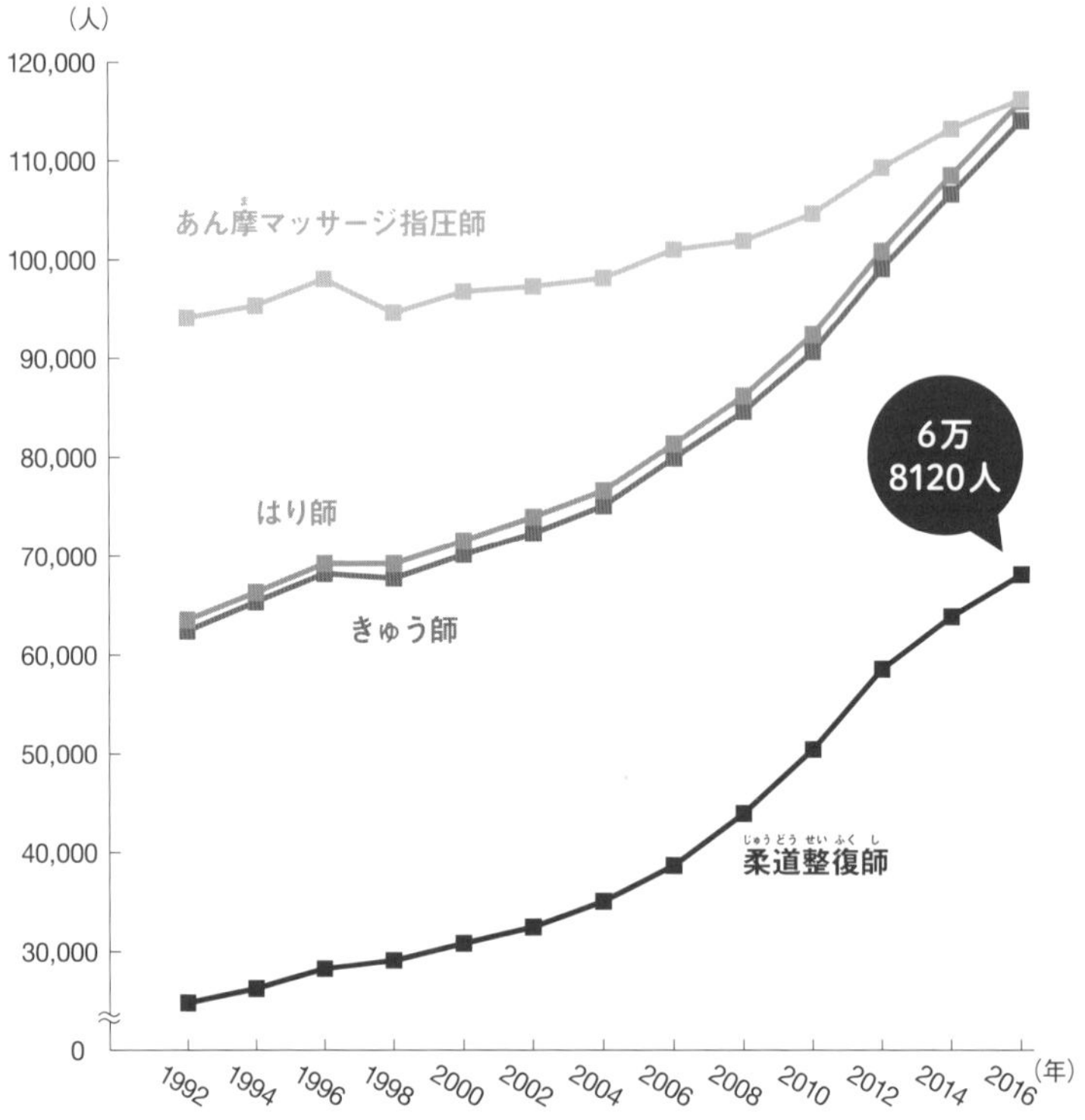

柔道整復師《じゅうどうせいふくし》として働いている人は全国におよそ7万人弱

厚生《こうせい》労働省の調査によると、２０１６年末時点で柔道整復師《じゅうどうせいふくし》として働いている人は、全国に６万８１２０人。免許《めんきょ》登録者数はさらに多く、10万２２２１人にのぼっています（２０１７年３月末現在）。

あん摩《ま》マッサージ指圧師、はり師、きゅう師として働いている人は、どの職種も11万人以上いるので、それらと比べてやや少ない印象を受けますが、20年前からの人数の増え方を見ると、あん摩《ま》マッサージ指圧師が1.2倍、はり師、きゅう師がそれぞれ1.7倍なのに対して、柔道整復師《じゅうどうせいふくし》は2.4倍にも増えています。新たに資格を取得する人が多く、人気の高い職種といえるでしょう。

柔道整復師《じゅうどうせいふくし》国家試験の合格率

試験回数（年度）	受験者数	合格者数	合格率		
			全体	新卒	既卒
第23回（2014年度）	6,858人	4,503人	65.7%	80.8%	14.7%
第24回（2015年度）	7,115人	4,582人	64.4%	82.3%	22.6%
第25回（2016年度）	6,727人	4,274人	63.5%	82.9%	22.5%

公益財団法人柔道整復研修試験財団ホームページより

柔道整復師《じゅうどうせいふくし》養成施設《しせつ》卒業生の男女別割合

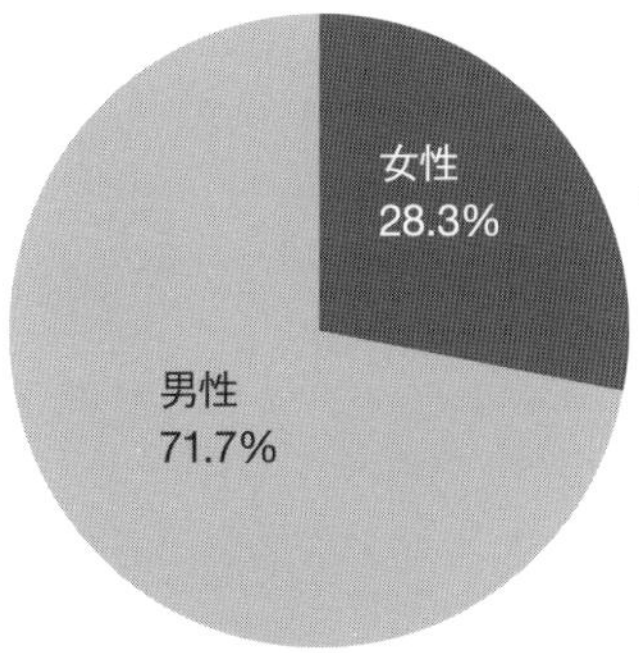

女性
28.3%
男性
71.7%

柔道整復師《じゅうどうせいふくし》養成施設《しせつ》（専門学校）を2012年3月から2016年3月までに卒業した人を対象としたアンケートによると、女性は全体のおよそ3割弱。

公益社団法人全国柔道整復学校協会
「第2回柔道整復師養成施設卒業生進路状況アンケート調査結果報告書<平成28年10月実施>」（2017年）より

国家試験の合格率は65%前後。女性の活躍《かつやく》も期待されています

柔道整復師《じゅうどうせいふくし》国家試験の合格率は、例年65%前後です。毎年4000～5000人が新たに資格を取得しています。養成校を卒業したばかりの新卒者に限れば、合格率は80%以上。在学中は学校のサポートもあるので、しっかりと国家試験対策をしておけば、高い確率で合格できるでしょう。

柔道整復師《じゅうどうせいふくし》は、もともと男性が多い職種ですが、最近では女性の割合も増加してきています。柔道整復《じゅうどうせいふく》学校協会の調査によれば、2012年から2016年の間に柔道整復《じゅうどうせいふく》師《し》養成施設《しせつ》（専門学校）を卒業した人の3割近くが女性です。柔道整復師《じゅうどうせいふくし》は患者《かんじゃ》さんの体にふれる仕事なので、女性の患者《かんじゃ》さんが同性に施術《せじゅつ》してもらうことを希望するケースなども多く、女性柔道整復師《じゅうどうせいふくし》のニーズは高まっています。今後、ますます女性の活躍《かつやく》が期待される職業です。

？ 柔道整復師《じゅうどうせいふくし》はどんなところで活躍《かつやく》しているの？

柔道整復師《じゅうどうせいふくし》養成施設《しせつ》卒業生の進路

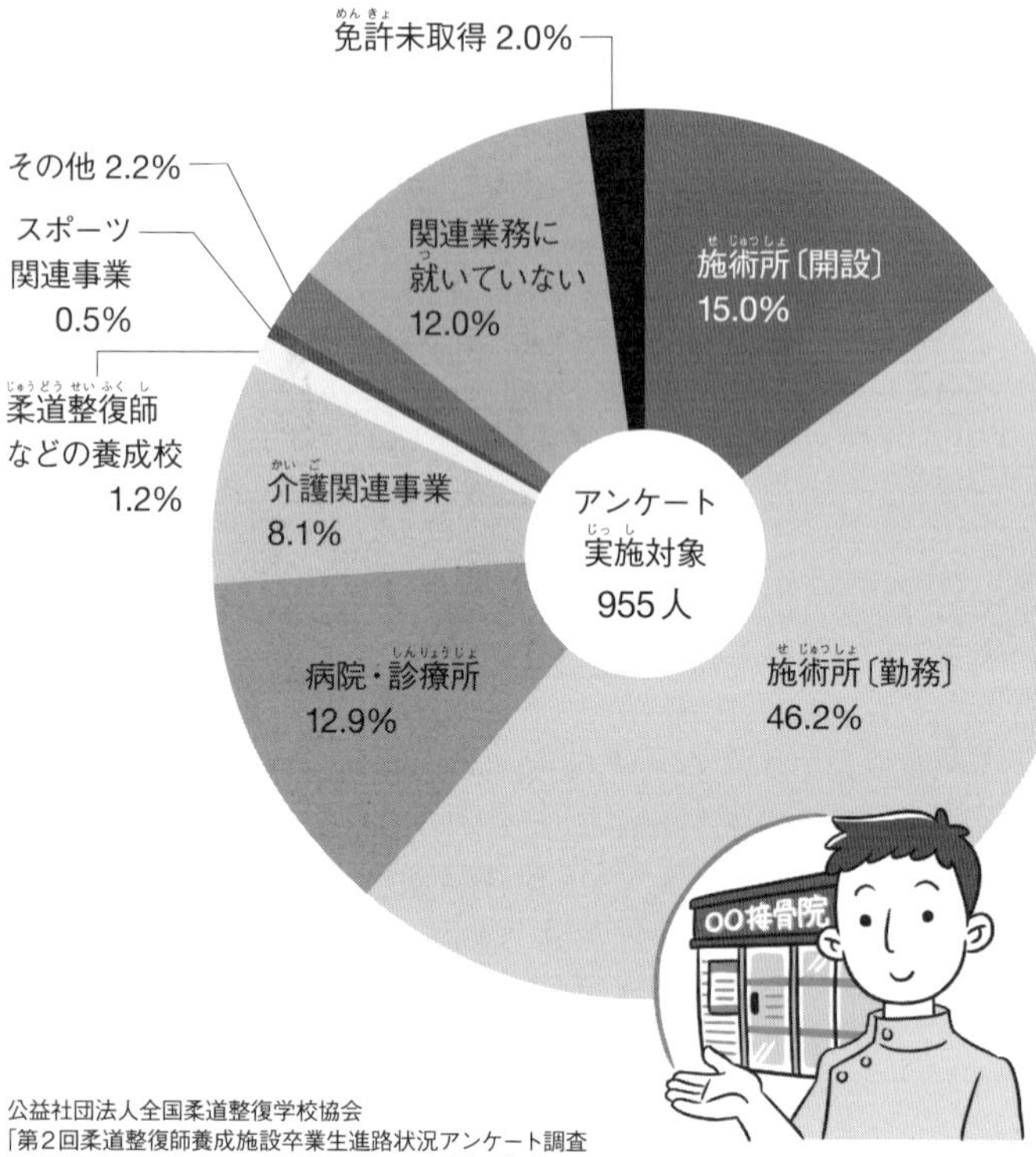
免許《めんきょ》未取得 2.0%
施術所《せじゅつしょ》〔開設〕 15.0%
施術所《せじゅつしょ》〔勤務〕 46.2%
病院・診療所《しんりょうじょ》 12.9%
介護《かいご》関連事業 8.1%
柔道整復師《じゅうどうせいふくし》などの養成校 1.2%
スポーツ関連事業 0.5%
その他 2.2%
関連業務に就《つ》いていない 12.0%
アンケート実施《じっし》対象 955人
○○接骨院

公益社団法人全国柔道整復学校協会
「第2回柔道整復師養成施設卒業生進路状況アンケート調査結果報告書<平成28年10月実施>」(2017年)より作成

柔道整復師《じゅうどうせいふくし》として働く人の多くは接骨院・整骨院で活躍《かつやく》

柔道整復師《じゅうどうせいふくし》が働く場所として最も多いのは、やはり、接骨院・整骨院などの施術所《せじゅつしょ》です。2016年の調査によると、柔道整復《じゅうどうせいふく》師《し》養成施設《しせつ》（専門学校）を卒業した人のうち、施術所《せじゅつしょ》を開設している人が15％、施術所《せじゅつしょ》に勤務している人が46％と、接骨院・整骨院などで働く人が多くの割合をしめていることがわかります。施術所《せじゅつしょ》に勤務している人の多くが、将来は自分も施術所《せじゅつしょ》を開設したいと考えているという調査結果も出ています。

次に多い勤務先は、病院・診療所《しんりょうじょ》ですが、これら医療施設《いりょうしせつ》でのリハビリは、理学療法士《りがくりょうほうし》などがになうことが多いため、施術所《せじゅつしょ》と比べるとその割合はかなり低めです。

柔《じゅう》道《どう》整《せい》復《ふく》師《し》の関連職種・資格

アスレティックトレーナー

スポーツドクターやコーチとの協力のもと、スポーツ競技をする人の健康管理、ケガや障がいの予防、スポーツによるケガや障がいの救急処置、リハビリ、トレーニング、コンディショニングなどにあたるための資格。公益財団法人日本体育協会が認定《にんてい》。

機能訓練指導員

日常生活を営むのに必要な機能を改善・維持《いじ》するための訓練や指導を行う職種。理学療法士《りがくりょうほうし》、作業療法士《さぎょうりょうほうし》、言語聴覚士《げんごちょうかくし》、看護師、准《じゅん》看護師、柔道整復師《じゅうどうせいふくし》、あん摩《ま》マッサージ指圧師のいずれかの資格をもっている人が機能訓練指導員として働くことができる。

健康運動実践《じっせん》指導者

積極的な健康づくりを目的とした運動を安全かつ効果的に実践《じっせん》指導できる能力をもつと認められた人に与《あた》えられる称号。公益財団法人健康・体力づくり事業財団が認定《にんてい》。

※柔道整復師《じゅうどうせいふくし》養成校のなかには、健康運動実践《じっせん》指導者やアスレティックトレーナーの受験資格が得られる学校もあります。

ケアマネジャー
（介護支援《かいごしえん》専門員）

介護《かいご》が必要な人が適切なサービスを受けられるよう、連絡《れんらく》調整を行い、ケアプランを作成する専門職。都道府県が行う試験に合格し、研修を修了《しゅうりょう》した人が認定《にんてい》を受けられる。保健・医療《いりょう》・福祉《ふくし》の分野で原則として５年以上の実務経験が必要。

介護《かいご》分野の仕事は増加中。人気が高いのはスポーツ分野

最近では、介護《かいご》関連事業で働く柔道整復師《じゅうどうせいふくし》も増えています。柔道整復師《じゅうどうせいふくし》は、機能訓練指導員として働くことが多く、デイサービスセンターや特別養護老人ホームなどの介護《かいご》施設《しせつ》で、利用者さんの筋力や身体機能を改善・維持《いじ》するための訓練を指導するのがおもな仕事です。利用者さんに対して、直接、体の動かし方を具体的に指導するほか、機能を改善する目的でストレッチや整体などを行うこともあります。介護《かいご》分野でさらに活躍《かつやく》するために、ケアマネジャーの資格を取得する人もいます。

割合は多くありませんが人気が高いのは、スポーツ分野でのトレーナーとしての仕事です。スポーツジムなどに勤務して一般《いっぱん》の人を指導するほか、実力が認められれば、プロスポーツチームや一流選手の専属トレーナーとして活躍《かつやく》することもできます。

柔道整復師《じゅうどうせいふくし》はどうキャリアアップしていくの？

働き方やキャリアアップの例

柔道整復師《じゅうどうせいふくし》資格取得！

START

接骨院・整骨院や病院などに就職

まずは新人として、先輩《せんぱい》に学びながら働きます。いろいろな患《かん》者《じゃ》さんへの施術《せじゅつ》を経験しながら、日々成長。就職してからも勉強は欠かせません。

はり師やきゅう師の資格を取得

柔道整復師《じゅうどうせいふくし》の資格とあわせて、はり師やきゅう師など別の資格も取得することで、より幅広《はばひろ》い施術《せじゅつ》を行うことが可能になります。

現場で経験を積むことがだいじ。さらにほかの資格を取得する人も

柔道整復師《じゅうどうせいふくし》は経験がものをいう仕事です。国家資格取得後、就職して多くの経験を積んで初めて、一人前の柔道整復師《じゅうどうせいふくし》へと成長することができます。

なかには、仕事の幅《はば》を広げるために、はり師やきゅう師といったほかの資格を重ねて取得する人もいます。柔道整復師《じゅうどうせいふくし》として働きながら夜間部に通うという方法でも、資格取得が可能です。

また、柔道整復師《じゅうどうせいふくし》の実務経験が5年以上になると、ケアマネジャー（介護《かいご》支援《しえん》専門員）資格を取得するための受験資格が得られます。ケアマネジャーは、介護《かいご》サービスに関する相談援助《えんじょ》や連絡《れんらく》調整をする専門職です。

接骨院を開院し、院長に！

現場で経験を重ねたのち、自ら接骨院を開設して独立開業。院長として、患《かん》者《じゃ》さんの施術《せじゅつ》はもちろん、経営にもたずさわります。

OO接骨院

ケアマネジャーの資格を取得

柔道整復師《じゅうどうせいふくし》として５年以上働いたのち資格をとり、ケアマネジャーに。介護《かいご》が必要な人への相談援助《えんじょ》などを行う専門家として、介護《かいご》分野で活躍《かつやく》。

ライフスタイルに合わせて、パートタイムなどの働き方も選べます。

独立開業することも可能。責任もやりがいもより大きく

柔道整復師《じゅうどうせいふくし》の国家資格をもつ人であれば、柔道整復《じゅうどうせいふく》の施術所《せじゅつしょ》である接骨院や整骨院を開設することができます。ただし、実際に独立開業するにあたっては、それまでにある程度の期間、接骨院・整骨院や病院で、柔道整《じゅうどうせい》復師《ふくし》としての経験を重ねるとともに、保険のとり扱《あつか》い方などの実務も学んでおいたほうがよいでしょう。なお、２０１８年４月以降、医療《いりょう》保険をとり扱《あつか》える接骨院・整骨院を開設するには、実務経験と研修が必要になる予定です。

開業の際は、不動産物件を借りたり、ベッドや電気治療器《ちりょうき》などの設備を整えたりするために、多額の資金も必要です。経営者として、施術《せじゅつ》内容についても金銭的な面でも責任は重大ですが、そのぶんやりがいも大きく、成功すれば多くの収入を得られる可能性もあります。

収入はどのくらい？　就職はしやすいの？

年収を比べてみると…

職種別平均収入

柔道整復師《じゅうどうせいふくし》
200万～
700万円
理学療法士《りがくりょうほうし》
看護師
薬剤師《やくざいし》
医師
～
栄養士
ケアマネジャー
販売員《はんばいいん》
理容・美容師

接骨院などに勤務するか、開業するかで大きくちがいます

柔道整復師《じゅうどうせいふくし》の収入には、大きく幅《はば》があります。接骨院・整骨院や病院などに勤務して働く場合は、年収２００万～４００万円程度とそれほど多くありませんが、一方で、自ら施術所《せじゅつしょ》を開業している柔道整復師《じゅうどうせいふくし》の年収は５００万円を超《こ》えることがめずらしくなく、なかには１０００万円にのぼる例もあるようです。

とはいえ、開業すればだれもが高収入を得られるというわけではありません。確かな知識と技術で患者《かんじゃ》さんの信頼《しんらい》を集めることはもちろん、専門性や特色を打ち出すなど、経営のセンスも問われます。開業にこぎつけるまでには、経験を積む期間も必要です。

就職のしやすさを比べてみると…

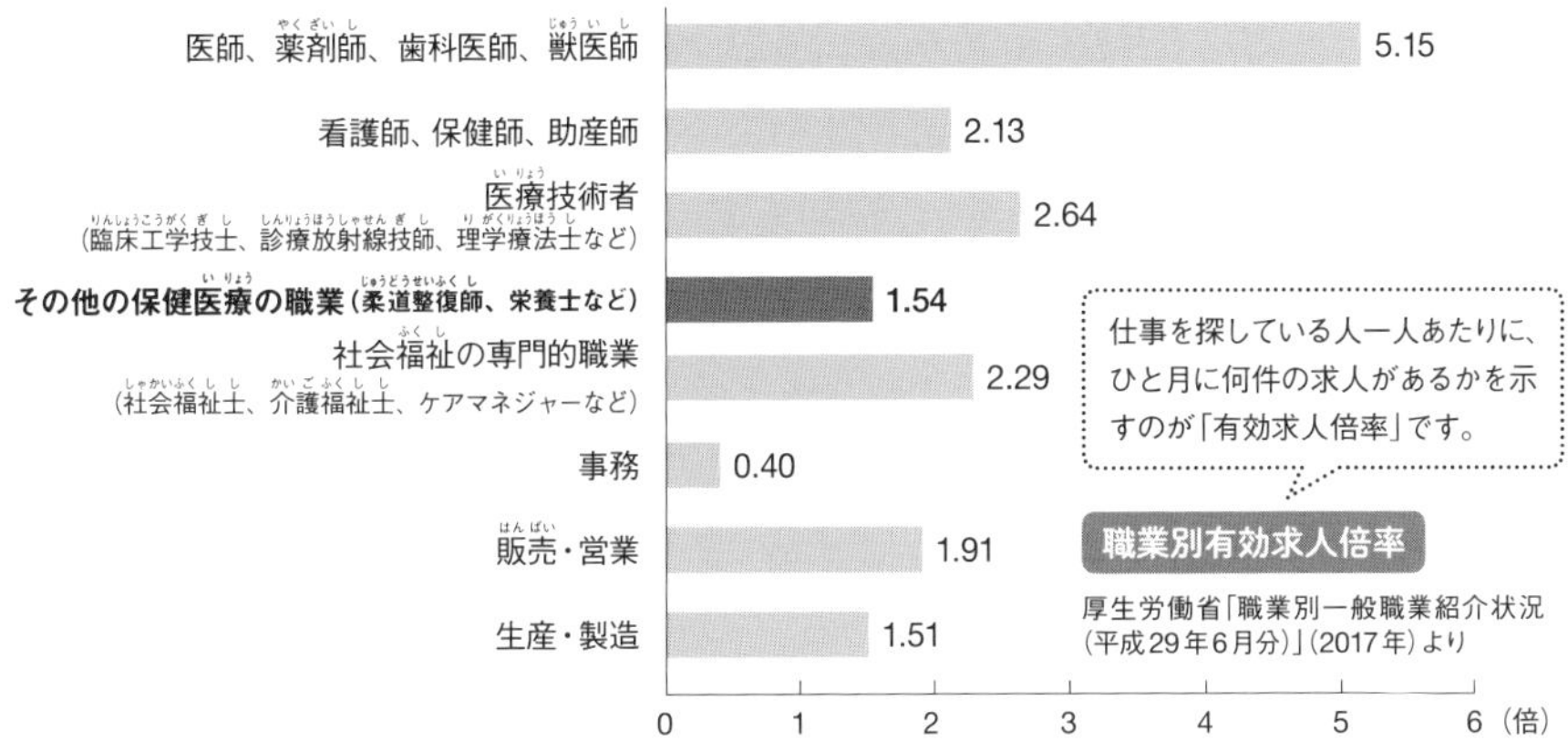

接骨院・整骨院の多い都道府県

厚生労働省「平成28年度衛生行政報告例」(2017年)より

- 1位 大阪府 6,838か所
- 2位 東京都 5,922か所
- 3位 埼玉県 2,865か所
- …
- 47位 鳥取県 66か所

接骨院・整骨院の求人が多く、労働環境《かんきょう》や待遇《たいぐう》はさまざまです

柔道整復師《じゅうどうせいふくし》の資格をもつ人の数は増え続けていますが、接骨院や整骨院の数も年々増加しているため、求人はたくさんあります。2016年末時点で、全国の接骨院・整骨院の数は約4万8000か所。20年前と比べると、じつに4倍以上にもなっています。

接骨院・整骨院は、個人が経営するところが多いので、労働環境《かんきょう》や待遇《たいぐう》は勤務先によってさまざまです。就職先を選ぶときは、給与《きゅうよ》や休日といった条件もだいじですが、自分がこの先、どの分野で、どんなふうに働いていきたいのかを考えることが大切です。養成校でも就職へのサポートに力を入れているので、担当の先生に相談するとよいでしょう。

最近は、介護《かいご》分野での求人も増えています。介護《かいご》予防のためにも、高齢者《こうれいしゃ》の身体機能を維持《いじ》、向上にたずさわる仕事は、ますます重要になっていくと考えられます。

？ 柔道整復師《じゅうどうせいふくし》の間で今、問題になっていることは？

予測される年齢別《ねんれいべつ》人口と割合

国立社会保障・人口問題研究所「日本の将来推計人口（平成29年推計）」（2017年）より作成

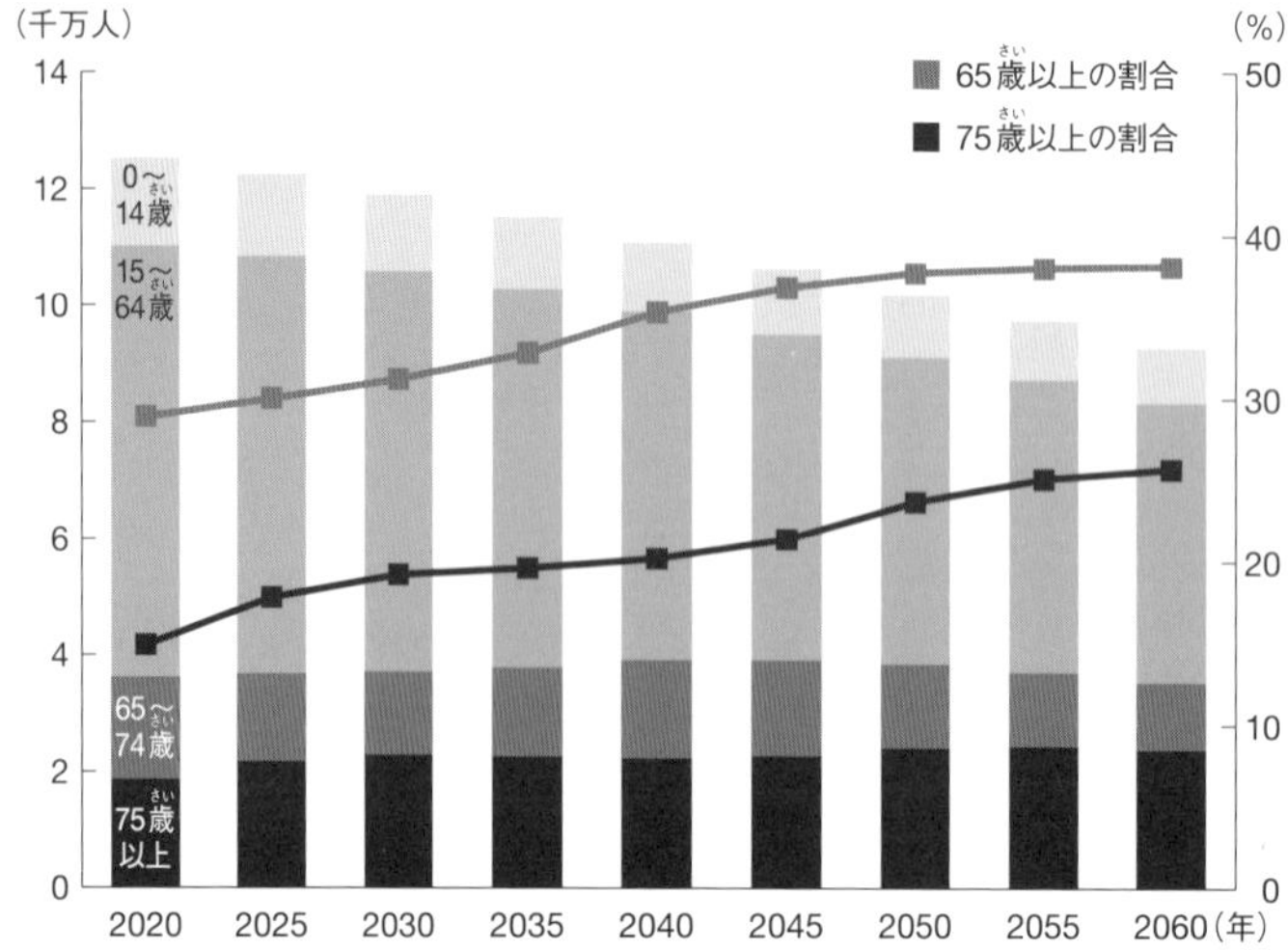

↓

少子高齢化《こうれいか》で介護《かいご》や医療《いりょう》のニーズが高まる

↓

柔道整復師《じゅうどうせいふくし》の地域医療《いりょう》への積極的な参加が重要
→そのためのしくみが求められている！

柔道整復師《じゅうどうせいふくし》が地域医療《いりょう》に積極的に参加できるしくみが必要

少子高齢化《こうれいか》が進む日本では、2020年には65歳《さい》以上の人口が3500万人にのぼるといわれています。介護《かいご》や医療《いりょう》のサービスは、この先もますます求められるでしょう。一方で15歳《さい》以下の人口は減少していますが、いろいろなスポーツに挑戦《ちょうせん》する子どもたちへのサポートが必要です。

そんななか、柔道整復師《じゅうどうせいふくし》の地域医療《いりょう》への積極的な参加が重要だと考えられていますが、そのためのしくみは十分とはいえません。日常生活のなかでのケガに対する確実な施《せ》術《じゅつ》、高齢者《こうれいしゃ》への機能訓練などにより、柔道整《じゅうどうせい》復《ふく》師《し》が身近な存在として地域の人びとを支《し》援《えん》できるしくみづくりが求められています。

執筆協力：公益社団法人日本柔道整復師会客員主事 米田守

？ これから10年後、どんなふうになる？

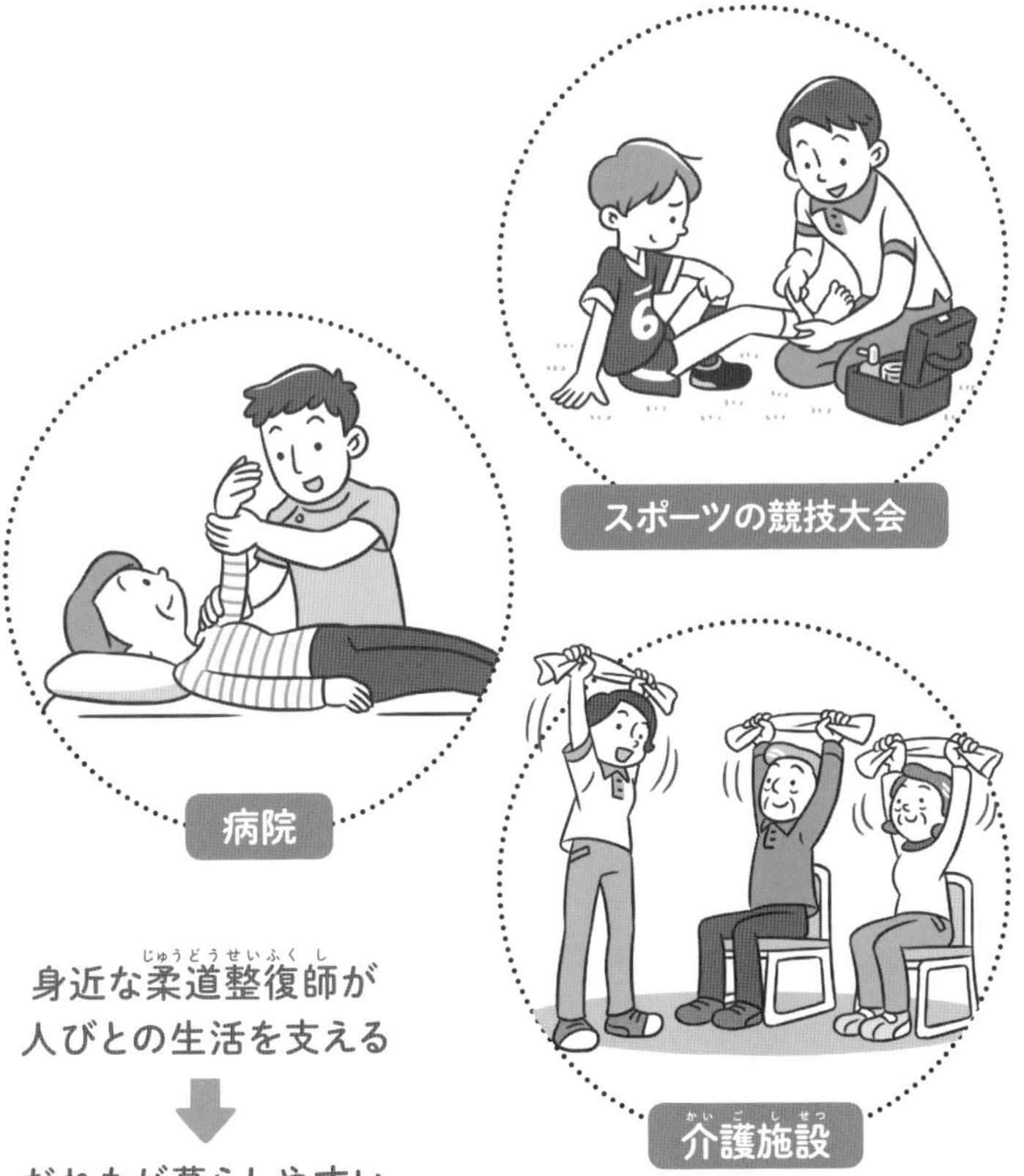

身近な柔道整復師《じゅうどうせいふくし》が
人びとの生活を支える

↓

だれもが暮らしやすい
社会に貢献《こうけん》！

接骨院・整骨院以外でも活躍《かつやく》し、暮らしやすい社会づくりに貢献《こうけん》

アマチュアからプロまでさまざまなスポーツの競技会場、ケガで障がいのある人がリハビリに通う病院、高齢者《こうれいしゃ》が集まる介護施設《かいごしせつ》など、接骨院・整骨院以外の場所で働く柔道《じゅうどう》整復師《せいふくし》の数が、現在よりも増えていると考えられます。

柔道整復師《じゅうどうせいふくし》は、この先医療《いりょう》技術が進んでも機械には決してかわることができない、ケガに対する無血療法《りょうほう》（手術などをせず手技で治す方法）のできる職種としてばかりでなく、機能訓練指導員（67ページ）を務めることができる職種として、人びとの生活を支えることにより、だれもが暮らしやすい社会をつくることに貢献《こうけん》できるはずです。

執筆協力：公益社団法人日本柔道整復師会客員主事 米田守

？ 柔道整復師《じゅうどうせいふくし》の職場体験って、できるの？

貸し出してくれるユニフォームや、動きやすいジャージなどに着がえて、職場体験開始。

職場体験でできること（例）

- 仕事について説明を聞く
- 院内の見学
- 施術《せじゅつ》準備の手伝い
- 施術《せじゅつ》の見学
- 器具の使い方を聞く
- 包帯の巻き方を習う
- テーピング体験
- 手技療法《りょうほう》体験　　など

まずは、仕事内容について、話を聞かせてもらいます。

多くの接骨院・整骨院が職場体験を受け入れています

地域の人びとに親しみをもってもらえるよう努めている接骨院・整骨院では、中学生の職場体験も積極的に受け入れています。

接骨院・整骨院の職場体験では、院内を掃《そう》除《じ》したり施術用《せじゅつよう》のベッドを整えたりといった簡単な手伝いや、患者《かんじゃ》さんへの施術《せじゅつ》の見学などができます。また、包帯の巻き方やテーピングの仕方、筋肉をほぐすストレッチのやり方など、日常に役立つ知識を教えてもらえることもあります。

職場体験はおもに学校を通して行くものですが、個別に申しこみを受けつけている施《し》設《せつ》もあるので、地域の接骨院・整骨院に相談してみてもよいでしょう。

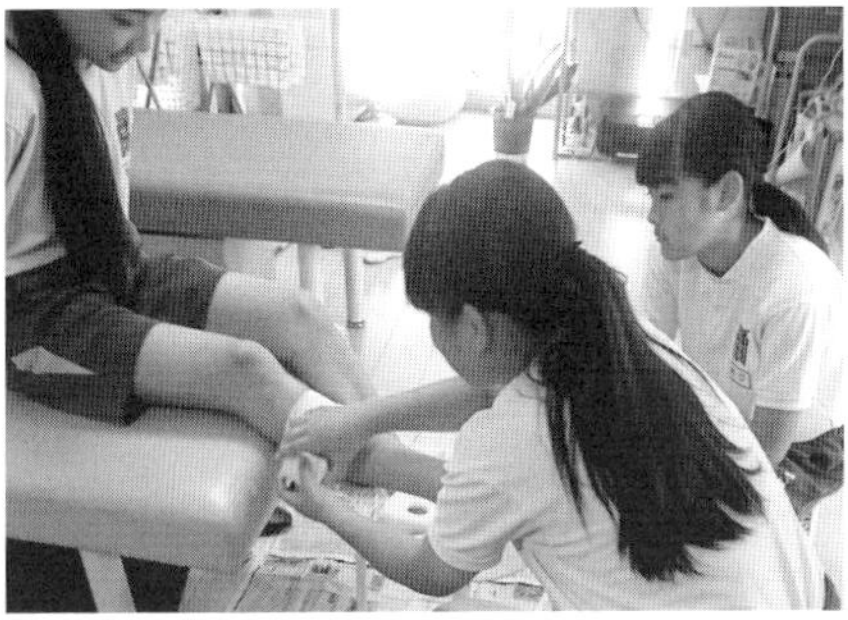

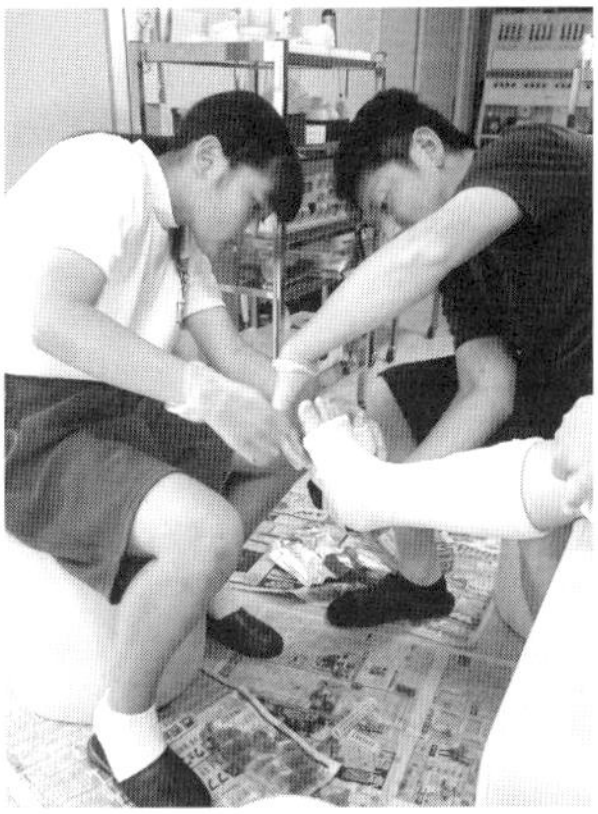

接骨院・整骨院では、見学や手伝いのほか、テーピングや包帯、ギプスの巻き方を習ったり、柔道整復師《じゅうどうせいふくし》の施術《せじゅつ》を体験したりもできます。　写真提供：なかの接骨院

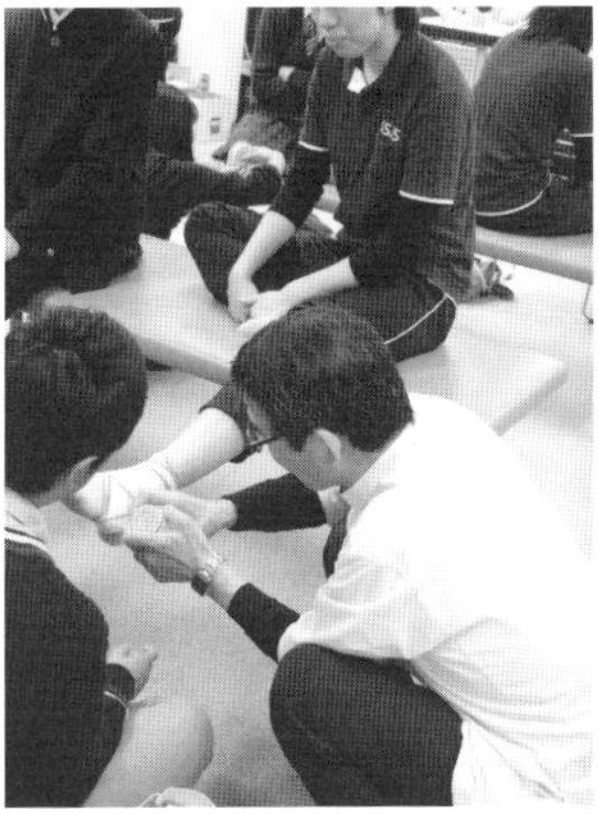

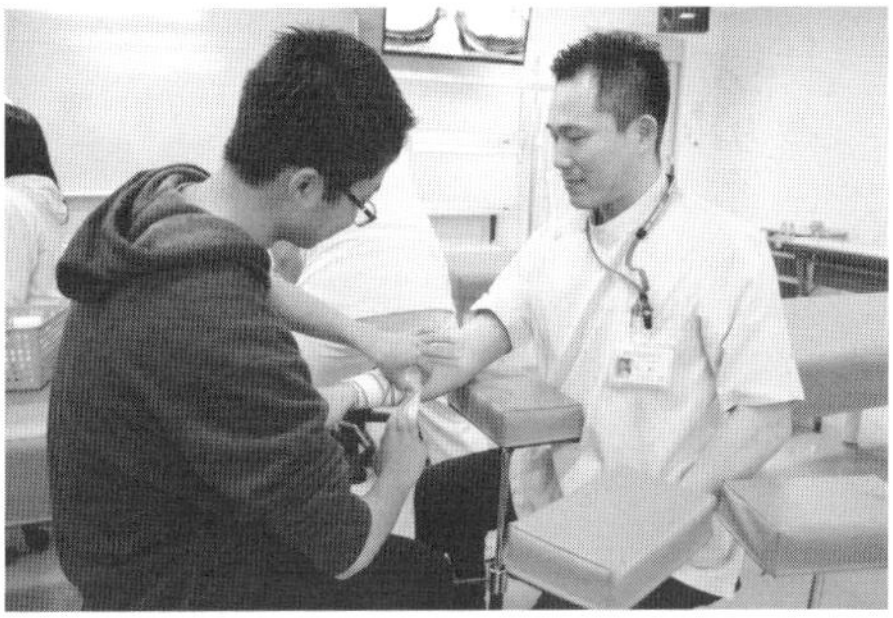

養成校のオープンキャンパスでは、学内の実習室や付属の施設《しせつ》などで、柔道整復師《じゅうどうせいふくし》の仕事を見学、体験できることもあります。　写真提供：新宿鍼灸柔整歯科衛生専門学校

オープンキャンパスや学園祭でも、体験・見学が可能

柔道整復師《じゅうどうせいふくし》養成校のオープンキャンパスでは、多くの場合、学校の紹介《しょうかい》だけでなく、仕事についての説明や体験イベントなども行われています。柔道整復師《じゅうどうせいふくし》とはどんな仕事なのか、接骨院・整骨院ではどんな施術《せじゅつ》をしているのか、話を聞くだけでなく、体験も交えながら具体的に教えてもらうことができるチャンスです。オープンキャンパスのおもな対象は、進学をひかえた高校生ですが、中学生でも参加できる場合があるので問い合わせてみましょう。

学園祭でも、柔道整復師《じゅうどうせいふくし》を養成する学科でどんなことが学べるのかを紹介《しょうかい》するブースがあったり、包帯やギプスによる固定法、手技療法《りょうほう》、物理療法《りょうほう》などを体験できるイベントが用意されていたりします。学園祭はだれでも気軽に立ち寄れる場合が多く、学校の雰《ふん》囲《い》気《き》を知るためにもよい機会です。

索引

あ

か

●取材協力（掲載順・敬称略）
株式会社Lehua レフアうめじま整骨院
医療法人社団宏友会 栗原整形外科
学校法人小倉学園附属GENKINEXT介護センター
ネクサススポーツ接骨院
西麻布整骨院
学校法人小倉学園 新宿鍼灸柔整歯科衛生専門学校
学校法人帝京平成大学 帝京平成大学
公益社団法人 日本柔道整復師会
なかの接骨院

編著／WILL《ウィル》こども知育研究所《ちいくけんきゅうじょ》

幼児・児童向けの知育教材・書籍の企画・開発・編集を行う。2002年よりアフガニスタン難民の教育支援活動に参加、2011年3月11日の東日本大震災後は、被災保育所の支援活動を継続的に行っている。主な編著に『レインボーことば絵じてん』、『絵で見てわかる はじめての古典』全10巻、『せんそうって なんだったの？ 第2期』全12巻、『語りつぎお話絵本 3月11日』全8巻（いずれも学研）、『見たい 聞きたい 恥ずかしくない！ 性の本』全5巻、『ビジュアル食べもの大図鑑』、『やさしく わかる びょうきの えほん』全5巻、『ことばって、おもしろいな「ものの名まえ」絵じてん』全5巻（いずれも金の星社）など。

医療《いりょう》・福祉《ふくし》の仕事《しごと》 見《み》る知《し》るシリーズ
柔道整復師《じゅうどうせいふくし》の一日《いちにち》

2017年10月5日発行　第1版第1刷©

編　著　WILL《ウィル》こども知育研究所《ちいくけんきゅうじょ》
発行者　長谷川 素美
発行所　株式会社保育社
〒532-0003
大阪市淀川区宮原3－4－30
ニッセイ新大阪ビル16F
TEL 06-6398-5151
FAX 06-6398-5157
http://www.hoikusha.co.jp/
企画制作　株式会社メディカ出版
TEL 06-6398-5048（編集）
http://www.medica.co.jp/
編集担当　中島亜衣
編集協力　株式会社ウィル
執筆協力　小川由希子／清水理絵
装　幀　大薮胤美（フレーズ）
写　真　向村春樹
本文イラスト　メイヴ
印刷・製本　図書印刷株式会社

ISBN978-4-586-08578-1　Printed and bound in Japan
乱丁・落丁がありましたら、お取り替えいたします。

○○病院
歯科医師
管理栄養士
精神保健福祉士
医師
看護師
歯科衛生士
診療放射線技師
臨床工学技士
臨床検査技師
薬剤師
柔道整復師
精神保健福祉士
○○薬局
くすり
○○小学校
薬剤師
柔道整復師
管理栄養士
接骨院